データ資本主義

Data Capitalism

21世紀ゴールドラッシュの勝者は誰か

野口悠紀雄

日本経済新聞出版社

データ資本主義

21世紀ゴールドラッシュの勝者は誰か

はじめに　データを制するものは世界を制するか

本書は、新しいタイプのデータである「ビッグデータ」について論じたものだ。

ビッグデータは、経済活動に新しい可能性を開く。ＡＩ（人工知能）はビッグデータによって賢くなる。そして、ビッグデータを活用することによって、これまではできなかったさまざまな新しい活動が可能となる。こうして、いま新しい経済社会が誕生しつつある。これを表すのに、本書は「データ資本主義」という概念を提示している。これは、ビッグデータを資本とする経済だ。

半面で、ビッグデータはさまざまな新しい問題を提起する。プラットフォーム企業と呼ばれる企業が市場を支配する可能性がある。それだけでなく、監視社会がもたらされる危険もある。

われわれはいま、歴史の大きな曲がり角にいるのだ。

では、ビッグデータは、従来の情報とどのように違うのか？　科学的な方法論はどのように変わってきているのか？　データサイエンスは、どのような分析を行う学問なのか？　実際の企業は、それをどのように活用することができるのか？　それによって企業活動はどう変わるのか？

　新しい社会の基本的な特性は何か？　それはどこに向かうのか？　われわれは、それにどう対処したらよいのか？

　こうしたことが、本書で解き明かしたいと思うテーマだ。


　いま生じつつある大きな変化の中で、日本は大きく後れをとっている。世界最先端の動きには置き去りにされているといわざるをえない状況だ。これは、企業のビジネスモデルの問題でもあり、基礎的な教育研究体制の問題でもある。

　こうした状態を変えるためにまず必要なのは、いま何が起きているかを正確に理解することだ。本書は、ビッグデータに関する日本の状況に強い危機感を抱いて書かれた。


　本書が想定する読者は、データや情報に関する専門家だけではない。日本の現状に問題を感じているすべての方々に読んでいただくことを望んでいる。

　本書は、専門的知識がなくても読み進められるように書かれている。コンピュータに関する概念が登場するが、コンピュータサイエンスの基礎知識なしで読めるように、重要概念については説明を加えた。

各章の概要は、以下のとおりだ。

第1章では、ビッグデータの概要を述べる。ビッグデータとは、スマートフォンやインターネットなどの利用を通じて集められるデータなど、従来はなかった新しいタイプのデータだ。ビッグデータは、これまでの情報やデータとは、さまざまな点で違う。まず、「大きさ」の点で従来の情報やデータとは隔絶的な違いがある。また、個々のデータをとってみればさしたる価値があるわけではなく、大量に集積されて初めて価値を持つことも大きな違いだ。したがって、ビッグデータを価値あるものとするには、そのために特別の仕組みが必要になる。

ビッグデータは、AI（人工知能）のパタン認識のための学習データとして用いられる。これについて第2章で述べる。

パタン認識は夢の技術だったが、これまで長い間実現できなかった。最近それが急激に進歩しているが、これは、AIの機械学習でビッグデータを用いたディープラーニングの手法が用いられるようになったからだ。最初はランダムに係数を与え、データで学習させることによって徐々に係数を調整していくという方法が用いられている。「理論アプローチからデータアプローチへ」という方法論上の大きな転換が起こっているのだ。

ＡＩのパタン認識は、自動車の自動運転など、実際の生活と社会の構造に大きな影響を与える可能性を持っている。


第３章では、プロファイリングについて述べる。これは、ビッグデータを用いて、個人の性格や嗜好などを推測する技術だ。プロファイリングのビジネスへの応用としては、ターゲティング広告やテレマティックス保険などがある。

プロファイリングは、匿名社会における問題を解決することができる。しかし、他方において、監視社会への道を開く危険もある。


第４章は、科学的方法論の見地からの議論だ。ビッグデータの登場は、科学的方法論にも基本的な影響を及ぼしつつある。これまで確立された科学的方法論は、「理論駆動型」のものだった。つまり、「理論こそ重要であって、理論のなきデータはクズに過ぎない」というものだ。この考えは、物理学の華々しい成功によって確立された。

これに対する「データ駆動型」の方法論のきっかけを作ったのは、１９９０年代のヒトゲノム解読計画におけるジョン・クレイグ・ヴェンターの「ショットガン」方式だった。その後、「データ駆動型」の方法論は、マテリアルズ・インフォマティクスなどの成果を生んでいる。そして、「理論は死んだ」といわれることもある。しかし、「データ駆動型」の方法論では、人間に理解できないところがある。この問題についての決着はまだついていないというべきだろう。

第5章では、データサイエンスについて述べる。データサイエンスは、単に「データを扱う科学」というだけの意味ではなく、「データ駆動型への転換」という方法論上の変化と深く結びついている。

データサイエンスの役割としては、つぎのようなものがある。第1は、AIの機械学習において、手法、モデル、変数の選択などを行うことだ。欠陥データへの対処は、実務上は非常に重要なことである。第2に、AIの機械学習における「過学習」(オーバーフィッティング)への対応がある。その第1の方法は「交差検証」(三人寄れば文殊の知恵)であり、第2の方法は「正則化」(複雑さの排除)だ。企業はデータサイエンティストを必要としているが、どのように使いこなすかは簡単でない。また、日本におけるデータサイエンティストの不足は深刻な問題だ。

データ資本主義を象徴しているのが、GAFA(グーグル、アップル、フェイスブック、アマゾン）やBAT（バイドゥ、アリババ、テンセント）と呼ばれる企業群だ。これについて第6章で述べる。

GAFAもBATも、20世紀の経済をリードしてきた企業とは違う。鉄鋼を作っているわけでも電気製品や自動車を作っているわけでもない。これらの企業が扱うのは情報だ。情報関連企業は20世紀にもあったが、これらの企業とも違う。大きな違いはビッグデータから価値を生み出していることだ。

この章では、プラットフォーム企業が保有しているビッグデータの価値についての定量的評価を試みている。グーグルやフェイスブックについては、その時価総額のほとんどが（建物や設備などの物理的資産の価値ではなく）ビッグデータの価値ではないかと考えられるのである。

日本の企業は、ビッグデータ利用の側面が弱い。IT（情報技術）で日本が立ち後れたが、その状態がさらに進もうとしている。

第7章では、プラットフォーム企業の支配力について見る。現状では、ビッグデータの収集と利用は、プラットフォーム企業によってほぼ独占されている。強い市場支配力を持ち、独占力の行使が目立つ場合もある。また、技術開発面でも独占している。

これに対して独占禁止法で対処しようとする動きがあるが、実効性のあるものとなるかどうか疑問だ。問題の本質は、プロファイリングされることそれ自体にある。最近のAI技術（とくに写真）によって、プラットフォーム企業によるビッグデータ収集が進んでいる。

第8章では、ビッグデータの将来についての動向を見る。まず、取引所や情報銀行などの形で、ビッグデータの有償取引が始まっていることを見る。

つぎに、電子マネーがビッグデータの新しい供給源として注目されていることを見る。最近の日本でQRコード決済の電子マネーの創設ラッシュが起きているが、その大きな目的はビッグデータの入手であろう。

ビッグデータは、これまではきわめて高い収益をもたらしてきた。しかし、それは、ビッグデータが無料で入手できたことによる面が強い。ビッグデータの入手にコストがかかるようになった場合、これまでのような高い収益を維持できるかどうかは疑問である。

ビッグデータがもたらす問題は、プラットフォーム企業の支配力増大だけではない。これが第9章のテーマだ。

第1に、顔認識を用いたプロファイリングによるプライバシーの危機がある。ＥＵ一般データ保護規則（ＧＤＰＲ）は、プロファイリングされない権利を認めたが、実効性のあるものになるかどうか、疑問だ。第2の問題は、政治の手段としてターゲティングが行われることだ。これによって、AI時代のビッグブラザーが登場する危険がある。

中国の社会では、プライバシー保護の意識が弱いので、ビッグデータを集めやすい。これによってAIの能力を高めることができる。こうした社会の存在をどう考えるかが、将来に向かっての重要な課題だ。

＊　＊　＊

本書は、企画の段階から、日本経済新聞出版社シニアエディター田口恒雄氏にお世話になり、草稿の段階から有益なコメントをいただいた。御礼申し上げたい。

２０１９年９月

野口悠紀雄

目次

第3章　ビッグデータによるプロファイリング

第4章　理論駆動科学からデータ駆動科学へ

第5章　データサイエンスの役割

第6章　データ資本主義とプラットフォーム企業

第7章　プラットフォーム企業の支配力にどう対抗するか

第8章　ビッグデータの将来

図版目次

本書のサポートページ

左のQRコードを
スマートフォンで認識させると、
本書のサポートページに飛びます。
ここには、最新情報のほか、
本書の内容を補足する記事があります。

Data Capitalism｜第1章

ビッグデータは日常と「天文学的に」違う

1　ビッグデータとは何か

インターネットサービスの利用で生み出されるデータ

「ビッグデータ」と呼ばれる新しいタイプのデータが、経済や社会に大きな影響を与えるとして注目を集めている。ビッグデータを収集し、それを活用できる企業が今後の経済活動を支配するともいわれる。

「ビッグデータ」は「巨大なデータ」という意味だ。では、それは従来から用いられてきたデータや情報とどこが違うのか？　また、ビッグデータは、なぜ重要なのか？

本章では、こうした問題について考えることとする。

まず、ビッグデータとはどのようなものかを見ることにする。

人々が日常生活においてインターネットをさまざまな場面で利用するようになったため、サービス提供者が新しいタイプのデータを入手できるようになった。

たとえば、メールを送ったとする。その情報は相手に届くだけではない。メールを運営している主体（Gmail であればグーグル）も、その情報を入手し、利用することができる。

検索の際に「誰がどんなキーワードで検索したか」というデータや、カレンダーに記入した情報についても同様だ。マップの利用経歴やウェブショップでの購入記録なども、そうだ。SNS（ソーシャル・ネットワーキング・サービス）でどんなサイトに「いいね！」をつけたかという情報も、サービス提供者の手に入る。これらが、ビッグデータの重要な部分を構成している。

こうしたデータがサービスの提供者に利用されることは、必ずしも情報の発信者が意識しているわけではない。しかし、実際には利用される。そして、後で述べるように、そうしたデータが巨額の利益をもたらすようになった。

グーグルやフェイスブックは、こうした方法でビッグデータを集めた代表的な企業である。サービスは無料で提供されるが、それと引き換えに提供者がデータを得て利用するのだ。アマゾン・ドット・コムは、顧客の購入履歴という形でビッグデータを得ることができる。

スマートフォンの利用で増大したビッグデータ

インターネットの利用拡大に加え、この数年でもう一つの新しい傾向が生じている。それは、スマートフォンの普及だ。

どこでも手軽に使えるので、これまでITに関係がなかった人々も利用するようになり、インターネットを通じて情報をやりとりする手段として主要なものになった。ついこの間まで、電車の中で人々が読んでいたのは新聞や書籍だったが、いまでは、スマートフォンを見ている人が圧倒的に多い。

多くの人がスマートフォンを日常的に使うようになると、その操作を通じて電子的な足跡を残すようになる。これによって、これまでよりもさらに大量のデータが集まるようになった。そうしたデータが、サービス提供企業に蓄積され、利用可能になったのだ。

われわれの行動はビッグデータの一部となり、企業のマーケティングに使われる。そうした変化が、知らないうちに進行しているのである。

データや情報に関する基本条件が大転換した

従来の書店でも、売れ筋の本、客の性別、およその年齢などといったことは分かる。しかし、ある本を買った人がどんな人なのかは分からない。ましてや、その人が過去にどんな本を買ったかは分からない。ところが、アマゾンの場合には、その人の購買履歴が分かる。これを用いてアマゾンは、「レコメンデーション」（お薦め）というサービスを行っている（第3章の3参照）。レコメンデーションに使っているビッグデータは、アマゾンがウェブ店舗だからこそ入手できたものだ。

また、紙の切符を買って電車に乗っていた頃には、乗客に関するデータは、ラッシュアワーの時間帯がいつかとか混雑度が激しい区間はどこかなどといったマクロ的なものしか得られなかった。しかし、スイカ（Suica）などの電子マネーが用いられるようになれば、一人ひとりの乗客がいつ、どの路線を乗車したかを把握することができる。

われわれはいま、毎日、検索をし、ウェブページを閲覧し、メールで連絡している。そして、頻繁にウェブ店舗で購入している。それらの記録は、すべて収集され蓄積されて、ビッグデータになっている。それだけではない。スマートフォンからの位置情報データも通話記録も、蓄積されている。

こうして、われわれは、それと気づかぬうちに、詳細な「電子の足跡」をさまざまなところに残しているのである。企業の立場から見れば、詳細な個人情報があふれるほど手に入る時代になった。

これまでは、販売データの収集は容易でなかった。だから、サンプリングで一部のデータを集め、そこから全体を推測する必要があった（そもそも、統計学は、サンプルの分析から母集団の性質を推測するための手法である）。ところが、ビッグデータは、母集団そのもののデータだ。データや情報に関する基本条件が、大転換したのである。

なお、従来のソースとは異なるところからもビッグデータが得られるようになってきている。

まず、インターネットで提供されるサービスが拡大し、これによってさらにデータが得られるようになる。また、電子マネーやIoT（モノのインターネット）もビッグデータの供給源となる。これについては、第8章で見ることとする。

2　これまでの情報とビッグデータは何が違うか

データサイズが「天文学的に」拡大した

ビッグデータは、これまでのデータと比べて、どこがどのように違うか？

まず、その名が示すようにデータのサイズが大きい。では、どの程度大きいのだろうか？これを把握するために、つぎのように考えてみよう。

最初に、さまざまな対象の「サイズ」を知っておこう。

情報の「サイズ」（容量）を量るには、「バイト」という単位が使われる。図表1－1に示すように、バイト（B）から始まって、その約1000倍がキロバイト（KB）、さらにその約1000倍がメガバイト（MB）となる。以下同様に、ギガバイト（GB）、テラバイト（TB）、ペタバイト（PB）、エクサバイト（EB）、ゼタバイト（ZB）と続く。

では、実際のデータのサイズはどのくらいか？

われわれがPC（パソコン）で扱っているテキストファイル（文書ファイル）は、数KBのオーダーだ。1980年代頃まで、われわれが扱う情報のサイズはこの程度のものだった。これは、図表1－1でいえば、1～2あたりの世界ということになる。これが、インターネットが登場する前の世界だった。

マイクロソフトの元会長のビル・ゲイツは、1981年に「パソコンのメモリは640KB以上を必要としない」と言った。つまり、MBの世界にはならないだろうと言ったのである。この言葉は、当時の世界が、図表1－1の1～2あたりにあったことを象徴的に表している。

ところで、現在、われわれは、スマートフォンで日常的に写真を撮っている。その容量は1枚あたり2MBくらいだ。静止画だけでなく、スマートフォンで動画も簡単に撮れるようになった。その容量は、1分間あたり100MB程度だ。これを10本撮れば、1GBということになる。

他方で、PCのHD（ハードディスク）や外付けHDの容量も増えた。しばらく前まではGBのオーダーだったが、現在では、TB（テラバイト）が普通だ。1万円で5TB程度のハードディスクが入手できる。

図表1-1　データのサイズ

	名称	略字	10の乗数	倍数	具体例	
1	バイト	B	0	1		◀ 1980年代頃まで
2	キロバイト	KB	3	千	テキスト文書	
3	メガバイト	MB	6	百万	写真	
4	ギガバイト	GB	9	十億	10分の動画	◀ 現在の個人
5	テラバイト	TB	12	兆	ハードディスク	
6	ペタバイト	PB	15	千兆		
7	エクサバイト	EB	18	百京	データセンターの容量	◀ 現在の ビッグデータの世界
8	ゼタバイト	ZB	21	十垓	グーグルの容量?	

だから、現在われわれが扱っているデータのサイズは、数GBから数TBのオーダーだということになる。これは、図表1－1でいえば、4～5あたりの世界ということになる。80年代から40年程度の間に、このような変化が起こったのだ。

ところで、バイト（B）からGBへの変化は10億倍であり、KBからTBの変化も10億倍だ。つまり、われわれの情報環境は、40年間に10億倍に増加したことになる。

ところで、「10億倍」という数字は大きすぎて、直観的に把握しにくい。これを捉えるには、つぎのように考えるとよいだろう。

1メートルを10億倍すれば100万キロメートルになるが、これは地球から月までの距離の約2・6倍だ。だから、10億倍になるということは、人間の身体のサイズで仕事をしていたのを宇宙的サイズに拡大したようなものだ。

しばしば「天文学的」という表現が用いられるが、「10億倍」というのは、第1段階の「天文学的」増加だ。われわれが扱うデータのサイズは、40年間に「天文学的に」増えたのである。

ビッグデータは日常と10億倍違う

以上で見たのは、個人が扱っているデータだ。では、ビッグデータとはどの程度の大きさなのだろうか?

それを把握するために、企業のデータセンターがどの程度の容量になっているかを見よう。

大都市の1ブロック程度の広さ4階建てのデータセンターのデータ保存容量は、1EB程度だそうである。これは、しばらく前まで個人が使っていたHDの容量の10億倍だ。

では、全世界のデータセンターのデータ保存容量はどのくらいだろうか? ドイツの統計ポータルサービス企業Statistaは、2018年において1・45ZB(ゼタバイト)だとしている。

あるいは、つぎのような推計もできる。2013年に建設されたNSA(米国家安全保障局)のデータセンターの容量が5ZB程度であり、それは全米にあるグーグルのデータセンターのディスク容量とほぼ同じだと報道されたことがある。グーグルは、全世界に在米の2倍のデータセンターを持っているので、ビッグデータのデータ量は、10ZB程度と考えることができる。

このようなことから、ビッグデータの世界とは、図表1－1でいえば7～8あたりの世界ではないかと推測することができる。

これは、現在の個人が扱っているデータ（図表1－1の4～5あたり）の10億倍のものだ。つまり、われわれが人間の身体のサイズで仕事をしているとすれば、ビッグデータを扱っているグーグルは、宇宙的サイズで仕事をしているということになる。

われわれが生活している世界のサイズとビッグデータのサイズとの差は、このように隔絶的なものなのである。「大きい」といっても、連続的な大きさでなく、質が違う大きさだ。いいかえれば、ビッグデータの世界は、われわれのこれまでの常識や日常的感覚では理解できない異質のものなのである（ただし、どれだけ以上の規模のものをビッグデータというのかという範囲は明確ではない）。

日本企業とGAFAの隔たりも大きい

右に述べたように、グーグルのデータセンターの容量は、1ZBから10ZB程度のオーダーと推測される。では、日本企業が扱っている情報のサイズはどの程度なのだろうか？

これについても正確な統計はないのだが、仮に日本の標準的なデータセンターがEB（エクサバイト）のオーダーのものなのだとすると、グーグルのデータ保存容量は、その1000倍ないしは1万倍ということになる。

これは「隔絶的」というほどの開きではないが、かなりの開きであることは間違いない。だから、容易には追いつけないものだと考えざるをえない。後で見るように、日本におけるビッグデータの利用は、なされてはいるが、さほど華々しいものではない。それが、このようなデータ保存容量の差に表れているのだろう。

非構造化データもある

ビッグデータは、量が膨大なだけでなく、性質も従来のデータとは違う。

これまでデータ分析で使われてきたのは、「構造化データ」と呼ばれるものだ。これは、「列」と「行」の概念があるデータである。たとえば、名簿は、氏名、年齢、生年月日、住所などの欄に、それぞれのデータが記載されている。こうしたデータは、CSVファイルやExcelファイルに記録することができる。

構造化データは簡単に分析できる。なぜなら、「どこに何があるか」が列で決められているからだ。それに加え、データが数字で表されているなら、演算、比較なども容易にできる。

ところが、ビッグデータの中には、これとは性質の違うものが含まれている。これらは、「非構造化データ」と呼ばれる。

まず、データが数字で表わされていないものがある。たとえば、新聞・雑誌などの活字データや図、写真データ、ラジオやテレビ放送などの音声データや映像データなどだ。

これらは以前から存在していたが、データ分析にはあまり用いられていなかった。これらに加え、最近では、メールやＳＮＳなどの文字データ、検索履歴、ＧＰＳ（Global Positioning System）から送信されるデータなどが利用可能になってきた。これらも数字では表されていない。

統計的な処理においては、データを数値で表す必要がある。したがって、新しいタイプのデータは、そのままでは統計学で扱うことができない。

また、非構造化データには、統一的な列と行で整理できていないものがある。

こうして、構造化データだけでなく、新しいタイプのものも含めた非構造化データの分析と利用が重要な課題になってきた。

こうしたデータの利用は、すでに始まっている。投資信託では、これまでは株価や財務データのような構造化データしか利用していなかったが、最近では、非構造化データをＡＩ（人工知能）を利用して分析するようになってきた。たとえば、あるファンドは、小売店の駐車場の駐車状況などの非構造化データをＡＩを用いて分析しているといわれる。

3　ビッグデータが価値を生み出す仕組み

情報は昔から重要だった

データや情報は昔から重要だった。戦争は情報の戦いであった。ローマ時代からそうであった。情報が戦闘の結果を左右したことは、第2次世界大戦におけるミッドウェー海戦の例を引くまでもなく、明らかだ。そうした情報を獲得するために、スパイが暗躍した。

ビジネスも情報の戦いだ。あらゆる経済活動は、データの活用と密接に関連してなされてきた。ビジネスにはさまざまなデータが必要だ。そうしたデータは、利用者自身がコストをかけて収集する場合もあるし、データの取引も行われてきた。専門の業者が収集して外販される場合もある。

ここで重要な点は、「以上で述べた情報は、一つひとつを取り上げても価値があるものだった」ということだ。

それゆえ、秘密にされる。そして、有償での売買もなされてきたのだ。

なお、「知識」「情報」「データ」という言葉が、似た意味を持つものとしてしばしば使われる。

これらについて明確な区別があるわけではないが、本書では、つぎのように使うこととする。知識は体系的であるが、情報はこれより断片的だ。情報は価値があるのに対して、データは価値があるかどうか分からない場合もある。

ビッグデータの場合、個々のデータは価値がない

情報の価値という意味で、ビッグデータはこれまでの情報とは違う。

ビッグデータの例として本章の1で述べたようなものは、一つずつを取り上げれば、経済的な価値がそれほど高いものではない。多くの場合、無価値に近いといってもよいだろう。

ビッグデータを構成しているデータとは、たとえば、ある人がどんな言葉を検索したかとか、ある人がフェイスブックでどのサイトに「いいね！」のマークをつけたかといったものだからだ。これらのデータは、一つひとつをとれば、ほとんど経済的価値はない。また秘密にされているわけでもない。

このため、ビッグデータを構成する個別のデータを売買の対象とすることなど、とても考えられない。もともと情報は売買することが容易ではないが、ビッグデータで対象とされるデータについてはとくに売買がむずかしい。この点が、従来の情報と根本的に違う点だ。

したがって、「ビッグデータがなぜ、特定の企業に経済的価値をもたらすのか？」という理

由は自明ではない。

マネタイゼイションの仕組み

ビッグデータを構成する個々のデータを取り上げると、ほとんど価値がない。ところが、膨大な数のデータが集まると、それらを分析することにより、経済的な価値が出てくる。この点が従来の情報やデータと比べた場合の最大の違いだ。

ビッグデータから経済的価値を引き出すには、特別な仕組みが必要だ。「マネタイゼイションの仕組みが必要」といってもよい。

それに成功した企業が、グーグルとフェイスブックだ。これらの企業は、検索やSNSサービスを提供することによってビッグデータを収集し、それを利用して新しいタイプの広告を行うことで、巨額の収入を得た。

すでに述べたように、ビッグデータの世界とは、われわれの日常的感覚に比べると、宇宙サイズのものだ。それにAIがからむことによって初めて利益を生み出すことが可能になったのだ。このメカニズムも、従来の常識では理解できないものだ。

グーグルとフェイスブックのような企業にとって、データは利益の源泉だ。それは、工場や店舗などの伝統的な固定資産に代わる新しい「資産」になっている（それが具体的にどの程度の価値かについて、第6章の3で推計を試みる)。

ただし、グーグルもフェイスブックも、当初から意図的にこうした事業を展開しようとしたわけではなかった。グーグルの場合、高性能の検索エンジンを開発することはできたが、それをマネタイズする仕組みはなかったのだ(利用料金を徴収する方式は機能しなかった)。

このことからも分かるように、ビッグデータは、データが集まれば自動的に価値が得られるというものではない。そこから経済的利益を得るには、特別の仕掛け(ビジネスモデル)が必要だ。それは、従来はなかった仕組みであり、それを生み出すのは容易なことではない。

実際、ビッグデータを保有する企業がすべて巨額の利益を得ているわけではない。たとえば、ツイッターは長年赤字を続けてきた。

AI機械学習の訓練データに用いる

ビッグデータがどのように活用されているかは、第2章と3章で述べる。ここでその概略を述べておこう。

まずAIの機械学習がある。第2章で述べるように、AIの機械学習において、「学習データ(訓練データ)」が用いられる。これによって、モデルのパラメータ(係数など)を調整し、そのモデルで予測などを行うのだ。とくに、パタン認識のための機械学習では、大量のデータを用いる。

ＡＩの学習データはビッグデータである必要はないが、ビッグデータを用いるほうが精度の高い結果を得られる場合が多い。したがって、ＡＩの技術開発においては、ビッグデータをどれだけ集められるかが重要だ。

プロファイリングへの利用

第3章で述べるように、ビッグデータはプロファイリングにも利用される。これは、相手がどういう人（あるいは企業）であるかを推定する作業だ。スコアリング（点数付け）、フィルタリング（不正取引などの検知）なども同じようなサービスである。

プロファイリングは、これまで、主としてターゲティング広告（相手の属性に合わせた広告）のために行われてきた。グーグルやフェイスブックは、こうした広告によって巨額の収入を得てきたのである。

ただし、有料で得たデータを使うとなると、採算に合うかどうかが問題となる。したがって、どのようなコストでビッグデータを集められるかが、ビッグデータ利用の今後の発展を決めるだろう。

4　日本でのビッグデータ利用

コンビニエンスストアのポイントカード

日本でのビッグデータの利用状況はどうだろうか？

日本は、ビッグデータの入手の点で、アメリカや中国に比べてかなり遅れている。ただし、利用の実例がなかったわけではない。その例としてあげられるのが、コンビニエンスストアでのポイントカードで集められるデータだ。

これまでも、コンビニエンスストアはＰＯＳシステム（商品につけられたバーコードをレジのスキャナーで読み取る仕組み）のデータで売り上げを把握し、在庫管理や納品管理、そして複数の店舗の販売比較などに用いていた。しかし、このデータでは、商品を誰が買ったかまではつかめなかった。

それに対してポイントカードでは、年齢や住所などを登録するため、個人を特定できる。その人がいつ何を買ったのか、繰り返し買う商品は何か、などが分かるのである。このため、コンビニエンスストアのポイントカードがビッグデータとして使われ、商品の品揃えなどに使われるようになった。

コンビニ・チェーンのローソンは、4000万人が利用する「Ponta（ポンタ）カード」から得られるデータをマーケティングに使っている。ポイントは、従来は顧客の囲い込みを目的とするものだったが、いまでは、顧客の個人情報の収集のための手段になっている。コンビニエンスストアでは売り場面積に強い制約があるので、商品陳列の最適化は重要な課題だ。

また、ソフトバンクは、他社のスマートフォンを利用しているが契約更新が必要そうなユーザーに対して、重点的に広告を出すことで効果を上げてきたという。

さらに、損害保険におけるテレマティックス保険も導入されている。

また、音声認識機能を用いて企業のコールセンターを自動化する試みもなされている。

ビッグデータ利用元年？

『2019年版情報通信白書』の第2章「ビッグデータ利活用元年の到来」は、日本におけるビッグデータ利活用元年に向けた環境整備が進みつつあるとしている。

ただし、そこで述べられているのは、「官民データ活用推進基本法」の制定や「改正個人情報保護法」の全面施行などといった法整備だ。

個人情報保護はたしかに重要な課題だが、第3章の1で述べるように、ビッグデータのプロファイリングで問題になるのは、個人情報保護法ではコントロールできないものである。

白書では、データ流通量の拡大などのデータは示されているが、肝心の「ビッグデータ利活用」がどうなっているのかについての具体例はあまり示されていない。

つぎのようなサービスが紹介されているものの、サービスの概要だけで、実際にどの程度利用されているかは示されていない。

●ＮＴＴドコモ「モバイル空間統計」（ＮＴＴドコモの携帯電話を保有する個人の位置情報を、事業者や地方自治体などに提供するサービス）
●トヨタ自動車のテレマティクスサービス（車両の位置や速度、走行状況などの情報を交流改善や地図情報の提供、防災対策などに活用できるサービス）
●ソニー損保のテレマティクス保険
●ドコモ・ヘルスケア「ムーヴバンド３」やオムロン・ヘルスケア「Wellness LINK」（ウェアラブル端末をつけている個人から移動距離、睡眠時間などや身長・体重などのデータを収集、分析するサービス）
●日立製作所の「金融ＡＰＩ連携サービス」（ネットバンキングの契約者の口座情報の参照・管理）

5Gでの日本の立ち後れ

第5世代移動通信規格の「5G」は、現行のサービスと比べて実効速度が100倍だ。スマートフォンなどの性能が向上し、ビッグデータにも新しい可能性を開いていくといわれている。アメリカや韓国の一部では、2018年末からの商用サービスが始まった。ところが、日本で5G商用サービスが本格化するのは、2020年の東京オリンピックの頃とされている。遅れだけが問題ではない。5Gの通信インフラ分野で日本は世界に後れをとっている。

この分野で躍進が目覚ましいのが中国企業だ。基地局ベンダーの売上高シェア(2018年)で、中国の大手通信機器メーカー・華為技術(ファーウェイ)は、スウェーデンのエリクソンについで世界第2位になった。全世界市場規模213億ドルのうち、エリクソンが29・0%、ファーウェイが26・0%、ノキアが23・4%のシェアを占めている。ファーウェイは、5G関連の技術で世界をリードする存在になっている。

それに対して、NECと富士通を合わせても世界シェアは2%に満たず、NTTドコモ向けのビジネスでやっと生き延びている状況だ。

ところで、5Gの通信インフラを中国メーカーが握れば、機器を通じて機密情報が漏洩する恐れが生じるとされ、5Gは米中摩擦の焦点の一つになっている。

アメリカ政府は、中国企業を通じてアメリカの軍・政府、企業の情報が中国に漏洩するリスクを懸念して中国メーカーの排除に乗り出した。そして、同調するよう各国に働きかけを強めている。

日本の携帯大手3社は、5Gを現行の4Gネットワークと連携して導入するため、仮に日本政府が中国企業排除の方針を打ち出すとなれば、大きな影響を受ける。場合によってはネットワーク機器の入れ替えが必要となるため、5Gインフラの展開の遅れにつながる恐れがあるといわれる。将来のビッグデータに大きな影響を与える5Gがこのような状態なのだ。

日本が弱いのはソフトの分野であって、ハードでは強いのだと、長らくいわれてきた。しかし、いまやハード面のモノづくりでも、このような状況になっている。

Data Capitalism | 第2章

ビッグデータによるパタン認識

1　パタン認識とは何か

コンピュータが苦手だったパタン認識

パタン認識とは、コンピュータが図形や自然言語を認識し、理解することだ。たとえば、写真に写っているのがリンゴかミカンを判別することだ。あるいは、人間が話している自然言語を理解したり、手書き文字を認識したりすることだ。

このような判別は、人間なら一瞬のうちにできる。しかし、コンピュータには、これができなかった。これまでコンピュータが理解できたのは、基本的には、デジタルデータだったのだ。そして、コンピュータがもっとも苦手なのは、「パタン認識」だとされてきた。

このため、人間との間のインターフェースが十分でなかった。コミュニケーションは、キーボードなどを用いる形でしか行えなかった。人間と人間が話すようにはいかなかったのである。

パタン認識は、つい最近まで実現できず、長い間、夢の技術にとどまっていた。5年前でさえ、パタン認識の技術は実用にならなかった。

このため、たとえばウェブショップ用の大量の商品の写真の選別などは、人間が行うしかなかった。人海戦術によって処理していたのである。

ディープラーニングによってパタン認識が可能に

ところが、AI（人工知能）の能力がこの数年で急速に向上し、パタン認識技術が実用的なものになってきた。

これまでできなかったパタン認識が急速に進歩したのは、本章の2で述べるように、「ニューラルネットワークによるディープラーニング」という方法を採用したからである。この場合、コンピュータに学習させる必要があり、その過程で、ビッグデータが重要な役割を果たす。

この方法を採用したことによって、AIのパタン認識は、人間の能力に近づき、いくつかの分野では、人間を超えるまでになった。

音声認識はパタン認識の一種だが、これはきわめてむずかしい技術である。1980年代から一般の人々が使える音声認識ソフトが提供されていたが、訓練しなければ使えず、訓練しても、認識精度が低かった。

ところが、コンピュータの音声認識能力は、最近劇的に向上した。アップルのSiriやグーグルの音声認識が有名だ。アップルスピーカーやグーグルスピーカーなどにも応用されている。AIによって音声入力が可能になったので、人間とコンピュータの距離が縮まった。しばらく前から、検索は音声でできるようになった。自動翻訳や自動通訳もできる。

最近では、画像認識機能がスマートフォンでも使えるようになってきた。グーグルが提供する「グーグルレンズ」という機能を用いると、カメラで撮影した画像が何かを教えてくれる。また、印刷物を読みとってテキストファイルに変換してくれる。

2　理論アプローチからデータアプローチへ

パタン認識への理論的アプローチ

人間はパタン認識をごく簡単にできる。たとえば、果物の写真を見て、リンゴだとかバナナだとか認識できる。では、それをどのようにして行っているのだろうか？

写真に写っているものの色や形という特徴を捉え、その特徴にしたがって区別しているのだ。たとえば、「赤くて丸いのがリンゴ、黄色くて細長いのがバナナ」というように認識している。

ＡＩのパタン認識のためにこれまで試みられた方法論の基本は、これと同じように、「データの特徴を抽出し、それによって対象をいくつかのグループに分ける」というものであった。

分析を行うには、まず、特徴を、色や形などというように定義する。つぎに、それらを数値化する。それを、学習データとして用いてＡＩに教える。この過程を「機械学習」という。

サポートベクターマシンの方法

しばらく前まで、パタン認識の機械学習の方法として最強力の手法だと考えられていたのは、サポートベクターマシン（Support Vector Machine：ＳＶＭ）という方法だった。写真に写っているのがリンゴかミカンかを区別する場合を例にとって、この方法がどんなものであるかを説明しよう。

特徴として、色（x_1で表す）と形状（x_2で表す）の2つの指標だけを考えるものとする。データの特徴は、2個の数値から成るので、平面上の一点（ベクトル）として表される。これを「特徴ベクトル」と呼ぶ。

データは、いくつもの特徴ベクトルで与えられている。それらが、平面に分布している。問題は、特徴ベクトルを、リンゴとミカンという2つのグループに分類することだ。これは、領域を直線で分けることを意味する。

この直線を、

$$w_0 + w_1x_1 + w_2x_2 = 0$$

で表そう。

係数w_0、w_1、w_2を動かすと、直線の切片と傾きが変わる。これらの係数をうまく設定して、

$w_0 + w_1x_1 + w_2x_2 > 0$　なら特徴ベクトルはリンゴ

$w_0 + w_1x_1 + w_2x_2 < 0$　なら特徴ベクトルはミカン

となるようにするのが目的だ。

ＳＶＭでは、正しい直線（分類基準）を見いだすために、「マージン最大化」という手法を用いる。

これは、データの中で他のグループともっとも近い位置にいるもの（これを「サポートベクトル」と呼ぶ）と境界を表す直線との距離がもっとも大きくなるように、境界線を引くことだ。

これは、「マージン」という概念で表される。マージンとは、「境界とサポートベクトルとの距離」である。ＳＶＭは、「マージンを最大化する」（２つのグループの差異が最大になる）という基準で分類をしているのだ。

なお、以上では画像の特徴が2つの変数x_1とx_2で表されている場合を考えたが、実際には、用いる変数の数はもっと多い。そうした場合には、多次元空間において、超平面による分割を行う。

また、現実のデータには、直線や平面で分割できない場合がある。こうした場合には、「カーネルトリック」と呼ばれる手法を使って扱うことができる。この方法によって、SVMの適用可能範囲は大きく広がった。

なお、SVMは、パタン認識以外にも利用できる。たとえば、スパムメール（迷惑メール）の検出、不正取引の検出などにも利用できる。

ニューラルネットワークによる情報処理

ところが、SVMの方法では、パタン認識はなかなかうまくいかなかった。

最近、パタン認識でブレイクスルーがあったのは、SVMが進歩したからではなく、本章の1で述べたように、ニューラルネットワーク（神経系ネットワーク）によるディープラーニングが用いられるようになったからだ。

これは、人間の神経細胞（ニューロン）と似た働きをする仕組み（ニューラルネットワーク）をコンピュータの中に作り、大量のデータを用いて、情報の処理方法を習熟させようとする方法だ。

人間の脳にある膨大な数のニューロンは、他のニューロンから信号を受け取り、他のニューロンに信号を送っている。脳は、こうした信号の流れによって、さまざまな情報処理を行っている。

人間の脳では、このような層が何層にもわたって続き、最終的に行動や認識が決まる。そして、さまざまな経験から学習することによって処理の仕方を変化させていく。

ニューラルネットワークによるディープラーニングは、コンピュータの中でこのような仕組みを再現しようとするのである。

ニューラルネットワークは、多数の層から構成される。各層は複数の単位（「ノード」または「ユニット」と呼ばれる）によって構成される。これが、人間の脳にある神経細胞の役割をする。

ディープラーニングの基本的な仕組み

画像認識の場合には、つぎのようにする。まず、画像を多数の小片（ピクセル）に分けて、各ピクセルについて、明るさを数値化する。そして、その値を、ニューラルネットワークの最初の層の各ノードに入力する。

最初の層の個々のニューロンは、その値を加工して2つ目の層にデータとして渡す。ここで「加工」というのは、「重みをつける」ということだ。

このようにして、最後の層にデータが渡され、最終的な出力が生成される。

各層のセルには数字が入っているので、数学的には、各層は、「数を並べたもの」と見ることができる。こうしたものを「ベクトル」と呼ぶ。したがって、ある層からつぎの層への情報の伝達とは、あるベクトルからつぎのベクトルを生成することである。

数学的にいえば、前のベクトルの各々の数にある係数を掛けて、つぎのベクトルを生成することになる。この計算は、四則演算だけで行われる。

問題は、これらの係数を正しいものとすることだ。係数は、最初はランダムに与える。すると、一般的には、出力は正解とは異なるものになるだろう。

そこで、係数を修正する。そしてうまくいくように、大量のデータを用いて学習をしていくのである。

「うまく調整する」というのは、係数をうまく決めることである。大量の訓練データを用いて正しい答えが出るように、係数を調整していくのである。これが機械学習だ。このために、次項で述べる「勾配降下法」(gradient descent)を用いる。

このようにして、ニューラルネットワークに学習させるアルゴリズムを「バックプロパゲーション」(backpropagation)という。

係数の値が最適化されて、ほぼ毎回正しい答えを出せるようになるまで、画像で学習させる。

なお、ニューラルネットワークは、突然出現したわけではない。その前身は、半世紀以上前にさかのぼる。1950年代に、フランク・ローゼンブラットによって考えられたパーセプトロン(Perceptron)がそれだ。

パーセプトロンは、入力層、中間層、出力層の3つの部分だけからなる。これは、脳の機能をモデル化したものであり、シンプルでありながら学習能力を持つモデルだった。これを進化させたのが、ニューラルネットワークなのである。

勾配降下法で係数を調整する

問題は、SMVのところで述べた直線、$w_0 + w_1x_1 + w_2x_2 = 0$を正しく設定することだとしよう。

まず、係数w_0、w_1、w_2を、それぞれランダムな値に設定する。この値では、正しくない出力も得られるだろう。つまり、誤差が発生するだろう。

そこで、誤差を測定し、勾配降下法で、係数w_0、w_1、w_2を修正するのである。

勾配降下法とは、最終結果と正解の誤差が小さくなるように、パラメータ(この例でいえば、

w_0、w_1、w_2）を調整する方法だ。

このために、「近隣の状況を調べることによって徐々に移動し、最終的に局所的最適に達する」という方法をとる。

具体的には、どちらの方向に進めば誤差がより大きく減るかを計算し、減少量がもっとも大きい方向に進む。

この方法は、コントロールすべきパラメータが多数ある場合でも使える。凹凸のある平面で、どちらの方向の勾配がもっとも大きいかを測定し、その方向に進むのだ。

勾配降下法は、数値解の算出法として、昔からさまざまな場合に使われていたごく普通の方法だ。こうして、分割直線を更新していく。きわめて多数回の更新を繰り返した後には、リンゴとミカンを正しく識別できるようになるだろう。

このように、「間違いがあれば修正する」という単純なルールを繰り返すことによって判別能力を獲得できるのだ。ただし、最終的に得られる伝播パタンがなぜ最適なのか、人間には知ることができない。

理論でなく量で問題を克服した

現在ではエラー率が5％まで低下しており、人間の画像認識能力とほぼ同じになっている。

対象によっては、人間より速く正確に認識できる。このように、ディープラーニングは驚くべき成果を上げた。

しかし、そのメカニズムと方法論は、以上で述べたように驚くほど簡単で単純である。「複雑ではない、ただ量が多いだけ」なのだ。

このような単純な方法でパタン認識が成功するとは、つい最近まで考えられていなかった。ディープラーニングは、AI研究者の中では異端の方法とみなされていたのである。

これが成功したのは、ディープラーニングで用いたデータの規模がきわめて大きかったからである。2012年、グーグルは、YouTube にアップロードされている動画からランダムに取り出した200×200ピクセルサイズの画像を1000万枚用い、9つの階層のネットワークでディープラーニングを行った。1000台のコンピュータで3日間かけて学習を行った結果、人間の顔、猫の顔、そして人間の体の写真に反応するニューロンができたのである。

ビッグデータとニューラルネットワークにより、従来のデータではできないことを成し遂げた。パタン認識が今までできず、いま、できたのだ。これまでの方法論ではできなかった。理論でなく量で克服したのだ。

ＡＩの思考過程を人間が理解できない

ニューラルネットワークの問題点は、ディープラーニングで最終的に構築されたネットワークがなぜ正解なのかを人間が理解できないことだ。

ＡＩが正解を導く過程が、ブラックボックス化しているのだ。モデルは分からないが、とにかく正しい答えを出している。

回帰分析の場合にも、当てはまりのよい直線を見いだしても、なぜそのようなパラメータの組み合わせが最適なのかは説明できない。それと同じことである。

回帰分析の場合には、「因果関係を示すモデルがなければ、いくら相関がよくても無意味だ」といわれていた。ところが、ディープラーニングの場合には、その成果があまりに華々しいので、その方法を認めざるをえないのだ。これは、第４章で述べるように、科学的方法論の根幹にかかわる問題である。

「シンギュラリティ」ということがいわれる。シンギュラリティとは、もともとは「特異点」という意味だが、ＡＩの関連では、「ＡＩが進歩した結果、ＡＩの能力が人間の知的能力を超え、人間社会に大きな変化が起こること」という意味で使われる。２０４５年頃に起こるといわれることがある。「大きな変化」の中には、「ＡＩが人間に反乱を起こすこと」も含まれうる。

こうしたことがいわれるのは、ＡＩの思考回路に前記のような不可解さがあるからだ。反乱までいかなくとも、理由が分からないのはなんとも居心地が悪い。本質を取り違えているのではないか、といった疑問を拭い去れない。

3　自動車の自動運転で社会が変わる

パタン認識は、自動車の自動運転のために不可欠

コンピュータによる自然言語や図形の認識を活用して仕事をどれだけ効率化できるかは、これからの企業にとって重要な課題だ。また、個人でも、ＡＩを利用できるかどうかが、仕事の能力に大きな影響を与えることになるだろう。

パタン認識ができるようになれば、作業の自動化ができる。

たとえば、コールセンターでは、これまで電話での問い合わせに対応できるのは、人間のオペレーターしかいなかった。しかし、人間の声をＡＩが理解できるようになれば、コールセンターを自動化できる。

また車の運転は、前方を走っている車がいないか、歩行者はどうか、道がどのように曲がっ

ているか、道路標識はどうか、信号はどうかなど、外界の様子を正しく認識する必要がある。

これまでは、人間がこうした情報を認識し、それを運転動作に反映させるしかなかった。ところが、コンピュータが外界の様子を認識できれば、車は自動運転できることになる。

それができるようになれば、経済社会は大きく変わる。しかも、コストは安く、疲れずに作業する。労働問題も起こさない。

完全自動運転が可能になれば、自動車の使い方が変わる

ＡＩのパタン認識能力の向上にともなって、自動運転のレベルが高まっている。

自動運転は、つぎのようないくつかの段階に区別されている。

- レベル１（運転支援）
- レベル２（部分自動運転）
- レベル３（条件付き自動運転）
- レベル４（高度な自動運転）
- レベル５（完全な自動運転）

日本政府は、2020年までにレベル4の本格導入を目標としている。また、2025年を目途に、レベル5の完全自動運転をめざす。レベル5の完全自動運転が可能になれば、タクシー、バス、トラックは無人になると予測される。

また、個人の自動車利用形態も、自動運転の普及で大きく変わる可能性がある。日本の自動車の1日あたり稼働時間は、わずか30分程度でしかない。こうした現状を考えると、自動運転車が普及すれば、自動車を個人で保有するのではなく、必要な時にスマートフォンで自動運転車を呼び寄せるという利用法が広がるだろう。

こうして、自動車は「所有」から「利用」する時代になる。たとえば、無人の車を自宅まで呼び出し、駅で乗り捨てし、帰りは駅に別の車を呼び出すという使い方になる。

自動車を所有する時代から利用する時代になると、自動車の生産台数は激減するだろう。日本の主要産業が、一気に衰退するかもしれない。

これは、公共交通機関のあり方や生活スタイルに大きな影響を及ぼすだろう。こうした変化は、後述のように、「MaaS」と呼ばれる。

こうしたことになれば、駐車場の需要は激減するだろう。自動車修理工場やガソリンスタンドも、個人が利用するものの需要は激減するだろう。他方で、タクシー会社の車のメンテナンスや部品の交換は、非常に重要になるだろう。こうして、自動車産業の構造自体が大きく変わる。また、自動車は、ハードウェアの生産から、データを扱う産業に変わる必要がある。

MaaS：モビリティ・アズ・ア・サービス

ＭａａＳ（Mobility-as-a-Service）とは、移動するにあたり、さまざまな交通手段を活用して最適な行き方を提案するサービスだ。この中には、ライドシェアやカーシェアとともに、自動運転も含まれる。

地方の交通手段を確保するためのＭａａＳもある。小型ドローンやロボットによって自動戸別配達を行う構想もある。現在、スーパーマーケットやガソリンスタンドなどが撤退して生活維持が困難な地域が発生している。「買い物弱者」は、全国で７００万人程度いるとされる。

自動宅配が普及すれば、買い物弱者の利便性が高まることが期待される。山間地などの過疎地における移動手段が確保されるので、住環境が向上し、過疎化や地方の人口流出に歯止めがかかる可能性もある。地方活性化の大きな原動力になる。

他方で、宅配が便利になれば、コンビニエンスストアでの買い物が減ることも考えられる。

4　顔認証技術の可能性と危険

顔認証でセキュリティを高める

顔認証（顔認識）は、写真に写っている人間の顔を識別する技術だ。これが正確にできるようになると、電子マネーの支払い、入口の制御、機器の操作、犯罪者やテロリストの検出などが自動的に行えるようになる。

これまで、ＰＣやネットワークなどのログインや、金融機関のＡＴＭなどで用いられてきたのは、パスワード認証だ。しかし、パスワードが多数になると覚えられないので、同じパスワードを使うことが多くなり、セキュリティ上のリスクが発生する。

こうした問題を解消するため、指紋や虹彩などの身体的な特徴を用いて本人確認を行う生体認証が広がっている。顔認証も生体認証の一つだ。

アップルが開発したスマートフォン iPhone X では、「Face ID」と呼ばれる顔認証システムを採用している。これ以外にも、スマートフォンのロック解除への顔認証の利用が広がっている。顔認証技術を活用したＰＣセキュリティ強化も可能だ。

顔認証でドアが開くアパートも登場した。海外のホテルでは、顔認証で要注意人物のホテルへの入館検知を行うところもある。そのうち、オフィスなどの入り口は、顔認識で開くようになるだろう。

中国の電子マネーであるアリペイの支払い方法は、これまではQRコード方式だったが、アント・フィナンシャル（アリババの子会社）は、２０１７年9月、顔認証だけで支払いができる新決済システム「スマイル・トゥ・ペイ」を導入した。

これによって、無人店舗が可能になる。さらに、データをビッグデータとして活用し、信用スコアリングを算出するためにも利用されている。

日本でも進む顔認証

日本でも、顔認証の導入が進んでいる。

２０１７年10月、東京国際空港（羽田空港）で、日本人の帰国者を対象に、顔写真を撮影してパスポートと照合する顔認証の入国審査システムが導入された。

成田国際空港では、２０２０年春から顔認証技術を用いた搭乗手続き「OneID」を導入する。チェックイン時に顔写真を登録することで、保安検査や搭乗ゲートなどを止まることなく通過できるようになる。各チェックポイントでの搭乗券やパスポートの提示は不要となる。

丸善ジュンク堂書店全店舗では、顔認識システムを使った万引き防止システムを導入した。店頭にカメラを配置して、来店比率や店内動線をデータとして取得する流れも広まっている。さらに、商品を探している客の感情を判断し、商品を薦めることも行われている。パルコが２０１７年11月に上野に開業した「ＰＡＲＣＯ–ｙａ（パルコヤ）」では、約２３０台のカメラが設置されている。入店した客の性別や年代を推定し、店舗のコンセプトや品揃え、陳列の見直しに役立てるという。

データがあると、監視に用いられる危険

ＡＩが認識した写真を本人と結びつけるには、データが必要だ。電子マネーの支払いなどを行う場合には、こうしたデータは本人が提出する。中国では、顔認証技術に対する市民の抵抗感が弱い。したがって、このようなデータを進んで提供する人が多い。

本人を識別できるデータがあれば、町の中にあるカメラで通行人を撮れば、それが誰かが分かる。中国では、実際にこの技術が用いられている。世界の最先端のきわめて高度な技術で、14億人の誰かを特定できる。たとえば、深圳の町の交差点で赤信号を無視して交通違反をすると、スクリーンに警告文が出て、「○○さん、交通違反をしてはいけません」と出る。町を歩

いている人が誰かが分かるのだ。

こうした技術が、違反者や犯罪者の手配に用いられるならよいが、一般的な監視に用いられる危険がある。無制限の顔認証の利用は、管理社会をもたらす恐れをも意味する。中国では、それが現実の問題になっている。この問題については、第9章で論じることとする。

5　パタン認識は、産業や生活を変える

医療での応用

医療分野では、レントゲン、コンピュータ断層撮影装置（CT）、磁気共鳴画像装置（MRI）などの画像から、正常な状態との差異を判別できる技術の利用が広がっている。

こうした技術は、ガンの発見などに威力を発揮する。人間なら長時間かかることが、AIでは瞬時に行える。AIによる自動診断は医師の負担を減らし、病変の見落としも防げる。

AIの画像認識が用いられるようになれば、すばやく、低コストで診断してもらえるようになるだろう。

グーグルの持ち株会社アルファベット傘下のディープマインドは、２０１８年8月、目の疾患を熟練の専門医師と同程度のレベルで検出できるＡＩシステムを開発した。

画像データから目の疾患の特徴を見分けるだけの能力を持つ。専門医による画像分析診断は作業が煩雑で時間がかかる場合があるが、ＡＩによって早期治療が必要な患者を発見しやすくなるという。

実務処理や作業の自動化が進む

パタン認識の技術を活用して手書き文字や印刷された文字を認識すると、処理や作業を自動化できる。これによって、宅配、郵便などの物流での仕分けや課金などが自動的にできるようになる。

音声認識技術でコンピュータが人間の声を認識できれば、コールセンターの自動化ができる。繰り返し業務が多いし、基本マニュアルが徹底されているためだ。

コールセンターで働くオペレーターの離職率はかなり高く、人手不足になっている。また、人手不足のため研修に十分な時間をとることができず、顧客の不満度が高まっているともいわれる。ＡＩであれば、24時間３６５日休まず稼働することができる。

コールセンターの顧客対応においてＡＩを活用する自動音声認識システムの導入がすでに進

められている。顧客の問い合わせ内容を音声認識システムでテキスト化し、オペレーターの画面にＡＩが回答候補を表示する。

三井住友銀行は、２０１４年からＡＩワトソンを邦銀で初めて導入し、16年10月からコールセンター全席に入れた。三井住友海上火災保険は、コールセンターの顧客対応でＡＩを活用した自動音声認識システムを導入した。

動画認識は、工場、医療、防犯などの分野で、監視・見守り支援に用いることもできる。

製造業、農業でのＡＩ活用

工場では、生産工程の最後に必ず検品（製品の検査）を行う。この作業は、これまで人間が目で見ることによって行ってきた。

この作業を、カメラ画像を使ってＡＩで画像認識することにより、自動化できる。製造業、流通業、食品加工業などで適用可能だ。

農林水産省は、食品メーカーの検品作業を自動化する技術を２０１９年度から開発する。食品では、昆虫などの異物が混入したり、内部が腐りかけている野菜などはX線で見つけることがむずかしい。このため、検品作業を人手に頼らざるをえない面があった。これに対処するため、ＡＩが食材の画像を診断して調べる。

さまざまな異音や振動などのデータを集めて、異常検知、故障予測、不良品率の高まりなどを予測することもできる。また、部品の調達数管理、製造数の管理、倉庫の在庫管理などもＡＩが行うことができる。

ＡＩは農産物の生育状況などの監視や、病害虫診断、収穫時期の予測などにも用いられる。病虫害のデータを蓄積し、生産者から「葉に見慣れない斑点がある」などの連絡が入ると、ＡＩが画像診断し、チャットボットが対応をするようなシステムが考えられている。

また、畑や水田の温度、湿度などのデータと天気予報情報から、病虫害や高温のアラート情報を出す。

こうしたことによって、コストを削減できる。また、人材確保や教育の手間を減らすこともできる。これらは、「スマート農業技術」と呼ばれる。

音声認識で個人の生活を効率化

パタン認識の技術の進歩は、われわれの身近な生活にも影響を与えている。

スマートフォンでの検索では、多くの人が音声検索に頼っているだろう。

また、スマートフォンに向かって話すことで、文章を書くことができる。これによって、文章の書き方が大きく変わった。これまでキーボード入力より速く入力できる手段はなかったが、音声認識機能をうまく使うと、もっと速く入力できる場合が多い。

現状では、専門用語などを正しく変換しないので、これだけで文章を書くことはできないが、メモをとるには十分使える。紙に書いたメモは紛失するが、スマートフォンに残したメモは紛失しない。

さらに、ＡＩを用いた自動翻訳の能力が高まっている。グーグルが無料で提供している「グーグル翻訳」は、スマートフォンで簡単に利用できる。

買い物、窓口対応、道案内など、旅行者が使うような簡単な会話であれば、ほとんど完全に翻訳できる。辞書を引くよりずっと簡単だ。

音声入力ができるし、翻訳された外国語を相手に音声で聞いてもらうこともできる。

質問に対する答えをすぐに日本語に翻訳してくれるので便利だ。これまでは、「駅は、どちらの方向ですか?」などという文章を言えても、答えを理解できない場合が多かった。自動翻訳であれば、答えを日本語に翻訳してくれるため、この問題が解決された。

多数の言語との翻訳ができるので、便利だ。特に中国語やロシア語、韓国語など、使う可能性はあるが勉強するのが大変だったものについては利用価値が高い。こうして、コミュニケーションの壁はかなり低くなる。

AIの軍事利用

なお、パタン認識の技術は、軍事にも応用できる。そして、事実、軍事技術を大きく変えようとしている。AI兵器は、火薬、核兵器に次ぐ「第3の軍事革命」と呼ばれる。

すでに、ロボット、無人飛行機、無人船、ドローンなどが開発されている。

「自律型致死兵器システム（LAWS）」（AIが攻撃目標を探して殺傷する自律型のAI兵器）の実用化が間近とされる。これは、人間が介在せず、自動的に目標を特定し攻撃する兵器だ。これをめぐっては、国際的に意見が一致しない。オーストリアやブラジルなど26ヵ国・地域が禁止条約の制定などに賛成したのに対して、アメリカやロシアなどは原則として規制に反対している。

中国が、2020年代初頭に無人AI潜水艦を配備する予定だと報道された。無人AI潜水艦は特攻攻撃も可能だ。同じことが、AIで制御されるドローンの編隊飛行についてもいえる。このような安価な兵器で高価な航空母艦を攻撃できるようになると、戦争の様相は大きく変わるだろう。

Data Capitalism｜第3章

ビッグデータによるプロファイリング

1 プロファイリングとは何か

ビッグデータによる個人属性の推定

ＡＩ（人工知能）は、ビッグデータを用いることによって、プロファイリングを行うことができる。これは、コンピュータが個人の属性（性格や嗜好意見など）を推測することだ。インターネットから得られる個人検索履歴やＳＮＳのデータ、そしてブログなどを通じて発信されるデータなどのビッグデータの活用によって、相手から直接情報を得なくても、相手のことが分かるようになってきている。

プロファイリングが正確にできるようになれば、個人の行動を予測できるようになる。そこで、さまざまな場面で個人個人に合わせた対応が可能になる。

たとえば、一人ひとりの好みに合わせた商品の広告などを出したり、選挙で個別の有権者に応じた政治的なメッセージ送ったりするのである。

従来のマーケティングでは、均質なマス市場を想定し、その中から典型的な消費者を少数抽出して、消費者の関心や行動を分析していた。しかし、実際には、消費者の多様化が進んでいる。そうした状況に対応するためにプロファイリングが必要になる。

個人情報の概念が変わる

個人情報は、つぎの3種類に分けることができる［佐藤一郎「ビッグデータと個人情報保護法：データシェアリングにおけるパーソナルデータの取り扱い」『情報管理』２０１６年、58巻11号８２８－８３５ページによる］。

①個人が能動的に提供したデータ
②観測されたデータ
③推論されたデータ

①は、ユーザー登録などよって提供された個人データだ。このカテゴリーのものは、本人が提供したことを認識している。

②は、カメラやセンサーなどを通じて取得されたデータだ。位置情報や購買履歴、ウェブサイトの閲覧履歴なども含まれる。

これらのデータは、本人が主体的、能動的に提供したものではないので、データが利用されることを本人が気づいていない場合が多い。ビッグデータはこれに当たる。

③がプロファイリングだ。断片的な個人情報と他の情報を組み合わせて、推定されたデータである。

本人は、プロファイリングがなされていること自体を知らない場合が多い。また、推定が正しいとは限らず、間違った推定がなされている場合もある。

日本において、個人情報は、個人情報保護法で保護されているといわれる。しかし、そこで想定されているのは、①と②だ。③は、個人情報保護法が想定していない個人情報だと考えることができる。

プロファイリングは、個人情報の概念を変えつつあるのだ。ただし、第7章で見るように、EUにおける新しい情報規制、EU一般データ保護規制（GDPR）は、プロファイリングに関する規定をも設けている。

2　プロファイリングはどのようになされるか

フェイスブックの「いいね！」の分析から得られた驚嘆すべき結果

プロファイリングの先駆けとなったのは、マイケル・コシンスキー氏のグループが、ケンブリッジ大学で行っていた研究だ。この成果は、２０１３年４月、『アメリカ合衆国科学アカデミー紀要』（ＰＮＡＳ：*Proceedings of the National Academy of Sciences of the United States of America*）に発表された。

この分析の対象となったのは、５万８４６６人についてのフェイスブックのデータだ。これらの人々が５万５８１４のウェブサイトに関してつけた「いいね！」の状況を示すデータを用いた分析が行われた。

この分析では、「いいね！」のデータを直接に使ったのではなく、Component という変数に変換した。これによって、説明変数の数は１００に減少する。

こうして作った Component を説明変数にして、人種、性別、政治的志向、宗教などを被説明変数とする回帰モデルを作り、係数を測定した。

なお、「回帰分析」は、従来からデータ分析のために広く用いられてきた手法だ。考えられるさまざまな要素を説明変数として、当てはまりがもっともよい式を採用する。何のモデルがなくても相関を計算することができる。

両親や配偶者が把握しているより正確に、人格が分かる

回帰モデルが推定されると、それを用いてあるユーザーについての「いいね！」のデータから、その人の人種、性別、政治的志向、宗教などを推測することができる。その人のデータからその人の Component 変数の値を計算し、それを回帰式に入れれば、人種、性別、政治的志向、宗教などの被説明変数の値が分かるからだ。このようにして、その人の人種、性別などを推計できるのである。

その結果は、つぎのようなものだった。

白人か黒人かの区別は、95％の確率で正しく推計した。男女の区別は93％の確率だった。また、民主党支持か共和党支持かは85％で、キリスト教徒かイスラム教徒かは82％などの確率でそれぞれ区別できた。

以上の結果は、直接の調査でも分かることだから、格別驚くには当たらないかもしれない。驚くべきは、普通は口外しないような特性についても推計ができてしまうことだ。

たとえば、ゲイとレズビアンについては、それぞれ88％と75％の確率で特定できる。また、喫煙（73％）、飲酒（70％）、薬物使用（65％）、パートナーの有無（67％）も判別可能だという。

このようにして、場合によってはその人の両親や配偶者が把握していない情報も、分かってしまうのだという。こうした情報は、普通は個人が明らかにしてはいないものだろう。しかし、フェイスブックでどのサイトに「いいね！」をつけているかのデータが得られれば、以上のような分析によって、それが分かってしまうのだ。

予想していなかった結果も得られた

興味深いのは、以上で述べたことだけではない。まず、明らかに相関がありそうな関係であるのに、実際にはそうでないものがあった。

（以下はつぎの文献による。"Digital records could expose intimate details and personality traits of millions," University of Cambridge）

たとえば、同性婚のサイトに「いいね！」をつけているのは同性愛志向を持った人ではないかと想像されるのだが、実際には、ゲイの5％しか同性婚のサイトに「いいね！」をつけていなかった。これから分かるのは、人格を示すのは、個別サイトの好みというよりは、音楽やテレビ番組の好みなど、もっと広範で、一つひとつはあまり重要でないデータの集まりだということだ。そのような傾向がこの分析によって明らかにされたのだ。

この分析では、一見したところ何の関係もないように思われるものが、強い相関を示すことがあることも見いだされた。

たとえば、カーリーフライ（カールしているフライドポテト）の投稿に「いいね！」をつけるかどうかだ。これは、ＩＱの高い人が多いのだそうだが、なぜそのような結果になるかは、理論モデルからは導けないだろう。また、「怖がっているのは、君より蜘蛛だ」（Spider is More Scared Than U Are）という奇妙な名のウェブページに「いいね！」をつけるのは、非喫煙者が多いのだという。

これらの結果は、大量のデータをコンピュータで分析したことによって初めて得られたものだ。

こうした分析は、第4章の2で述べるように、ゲノム解読でこの手法が成功したことから、自然科学で使われるようになったものだ。ここで見たような分野においても、データ駆動型の手法が有効性を発揮しているのだ。

これは、「モデルなし、仮説なし。相関が見つかればよい」というデータ駆動型科学の方法論そのものだ。

3 プロファイリングによるターゲティング広告

セグメンテーションとターゲティング広告による平均値からの脱却

プロファイリングは広告に用いられる。

広告を行う場合、相手の好みや求めているものが分かれば、広告の効率が向上することは明らかだ。だから、これまでも、相手に合った広告を出すための努力がなされてきた。ただし、これまで用いられてきたのは平均値などの集計量だ。

ところが、プロファイリングを行えれば、個人の個別事情を識別できる。つまり、「平均値からの脱却」が可能になる。従来の広告に比べて効率が格段と高い。

これがターゲティング広告（正確には、targeted advertising：ターゲテッド広告）と呼ばれるものだ。

選挙においても、すべての有権者に対して同じメッセージを送るのでなく、相手に応じたメッセージを送るほうが効果的だ。

これは、「セグメンテーション」と呼ばれる手法だ。これが有効であることは以前から知られていた。

ただ、問題は、セグメンテーションを行うための有効な手段がないことだった。まずは、年齢、性別、居住地などの人口学的なデータを集める。しかし、それだけでは十分でない。収入などのデータや、趣味などの心理学的なデータをミックスすることが重要だといわれてきた。しかし、入手がむずかしい。

ところが、プロファイリングによって個々の有権者がどのような意見を持っているかが分かれば、その人に向かって効果的なメッセージを送ることができる。

コンテンツ産業を変える「お薦め」

書籍や動画の選択はむずかしい。事前に内容が正確には分からないからだ。見終わってから、「これは求めていたものではない」とがっかりすることがしばしばある。

求めるものを的確に見いだしてくれるような仕組みがあれば、事態は大きく変わる。まず、見たい人の満足度が高まる。そして、さらに多くのものを見たいと考える。供給者からすると、需要を開拓でき、売り上げを伸ばせる。これが「レコメンデーション」(お薦め)と呼ばれるサービスの狙いだ。

アマゾンで本を選択すると、「よく一緒に購入されている商品」「この商品を買った人はこんな商品も買っています」として、いくつかの書籍が表示される。これは、「協調フィルタリング」と呼ばれる手法を用いるレコメンデーションだ。ユーザーの購買履歴を分析して、購買パタンが似ている他のユーザーを探し出す。そして、購買商品を比較して、他のユーザーが購入しているが当該ユーザーが購入していない商品を薦める、という仕組みだ。

ただし、「協調フィルタリング」では、コンテンツの中身は見ていない。類似の人の行動を参考にするだけだ。本当に求めているものを薦めるには中身を見ることが必要だ。

ネットフリックス（Netflix：アメリカのオンライン映像配信会社）のレコメンデーションは、コンテンツの中身のデータを分析して、一人ひとりの好みにあったものを見つけ出しているとされる。

平均値戦略から脱却することができた企業が成長している。「平均値からの脱却」は、すでに新しい産業を作っているのだ。

検索連動広告

グーグルは新しいビジネスモデルである検索連動広告やアドセンス広告をはじめ、広告とメディアの姿を大きく変えた。バナー広告は、これまであった新聞や雑誌などの広告をそのままウェブに適用したものだが、グーグルの広告は、これとはまったく新しい世界を拓いたのである。

まず、２０００年10月に「検索連動広告」を始めた。これは、検索された言葉に関連のある広告を出す方式だ。たとえば、利用者が「カメラ」と入力すれば、カメラの広告を出す。検索連動広告はたちまち成功した。

グーグルは、さらに「アドセンス」という広告を発明し、２００３年３月に開始した。これは、グーグルのシステムが自動的にウェブサイトの内容を解析し、それにあった広告を配信するシステムだ。たとえば、ＰＣ（パソコン）の使い方を解説しているサイトなら、自動的にＰＣの広告が表示される。

アドセンス広告は、グーグル以外の第三者のサイトに掲載される。グーグルの役割は、広告斡旋業だ。そして、広告料を広告が掲載されるサイトとグーグルで分け合う。

このためには、ウェブサイトの内容を自動的に正しく把握するシステムが必要だ。これを開発したのは、グーグルの最初の社員10名の１人であるジョージ・ハリクだ。コンピュータでコンテンツの内容を解析し、それにターゲットを絞った広告を出すというアイデアを持っていた。グーグルの採用試験のときにそれをラリー・ペイジに話し、彼を感銘させた。その後、協力者とともにグーグルが保有する膨大なデータを分析して、機械学習のシステムを開発した。

従来の広告は、一般向けだ。新聞（とりわけ全国紙）やテレビは、全国民を対象にしている。

したがって、広告も一般的なものにならざるをえず、その効果も希薄化される。購入する可能性がない人々に対しても広告がなされているからだ。

それに対してグーグルの方式では、ターゲットを絞った広告が可能だ。これは、グーグルが検索やGメールを介して入手した個人情報を利用できるからだ。

そして、こちらのほうが効率的なことは間違いない。フェイスブックは、会員データを基盤として、さらに詳細な個人情報を用いて広告を行うことができる。

グーグルが新しいビジネスモデルである検索連動広告やアドセンスで成功したことは、広告とメディアの姿を大きく変えた。こうして、広告は従来のメディアからインターネットへと移行しつつある。

4　プロファイリングによって個人で異なる保険料

テレマティックス保険

プロファイリングは、金融にも利用され始めている。

まず自動車保険におけるテレマティックス保険がある。テレマティックス保険には、走行距離連動型と運転行動連動型がある。「運転行動連動型保険」では、自動車にセンサーを搭載し、運転状況を詳細にモニターする。アクセルやブレーキの踏み方などの運転情報を取得し分析し、診断結果に応じて、契約者ごとに異なる料率を適用するものだ。

アメリカやイギリスでは、2020年には契約件数の約3割を占めるものと予想されている。日本でも、損害保険ジャパン日本興亜が、「走行距離連動型保険」や、運転診断結果に応じて保険料が割引となる「運転挙動反映型テレマティクス保険」の提供を開始している。損害保険ジャパン日本興亜が提供する「ドラログ」は、走行距離連動型だ。同社は、運転診断結果に応じて保険料が最大20%割引となる「運転挙動反映型テレマティクス保険」の提供を17年に開始した。

健康保険

健康保険では、目覚ましく発展しているウェアラブル端末を利用するものが現れている。テルモが販売する機器は血糖値のデータを継続して制御機器に蓄積する。またコンタクトレンズの形をしたセンサーによって眼圧を図ることができる。腕時計型の血圧計で時間ごとの血圧を測定することもできる。

これらの機器は、もともとはデータを通院時に医師に見せて適切な診断をしてもらうためのものだが、健康保険にも利用することができる。健康に気をつけていると、保険料が下がったり、保険給付に上乗せがなされる保険だ。

このような保険は、すでに中国の衆安保険によって提供されている。糖尿病患者を対象とした新しい医療保険で、テンセントが開発したタッチパネル式測定端末で血糖値のデータを取り、規定値を下回れば、保険金が増額される。

中国の平安保険は、「グッドドクターアプリ」というものを提供している。医師にデータを送ると、2分間で診断結果が返ってくる。ウォーキングするとポイントがたまり、換金できる。このサービスは、すでに2億人ものユーザーを獲得している。

モラルハザードの克服

これによって、これまで何百年にもわたって続いてきた保険の基本的な性質が変わる。保険（とくに損害保険）は、こうした技術によって大きな影響を受けるだろう。

これまでの保険では、統計的な手法を用いて保険条件を設定していた。それは、大雑把にいえば、「平均値の世界」だった。

このため、モラルハザードという問題が起こった。

これは、「保険によって守られているので、危険への対処が疎かになり、契約者が十分な安全策をとらない」という問題だ。これまでの自動車保険では、契約者の過去の事故履歴などを参照するが、その程度のデータ参照では乱暴運転をやめない人が多い。

その結果、保険金の支払いが多くなり、料率が高くなってしまったり、保険事業の採算が悪化したりする。

モラルハザードは、保険におけるもっとも深刻な問題である。しかし、ＡＩプロファイリングの進歩によって、個々の対象についての個別状況が識別できるようになると、保険料率や保険金を個人によって異なる値に設定できるようになり、モラルハザードが解決されると期待される。

このように、データ処理技術の進歩によって、個々の対象についての個別状況が識別できるようになった。これによって、保険業が大きく変化しようとしているのだ。

これまで「平均というベール」に隠されていたものが、あぶり出される。電気料金を定額制から従量制にすれば、過剰使用が制御できるのと同じことだ。

自動車保険の場合、優良運転手の保険料は安くなり、乱暴な運転手の保険料は高くなる。だから、人々は注意して運転するようになる。モラルハザードが減少し、保険会社の採算は改善する。

医療保険なら、人々は、これまでより健康管理を心がけるようになる。また、医療費や医療保険の支払いが節約される。

ただし、これらによって集められるのは、詳細な個人情報であり、病歴なども分かってしまう。したがって、その取り扱いに十分注意する必要がある。

あるいは、防火施設を整備すれば火災保険料が安くなる保険も考えられる。火災が起きにくくなれば、火災保険の支払いが減り、事業採算が向上する。

信用度スコアリング

保険の場合に保険料を個人によって調整するのと似た仕組みが、融資においても始められている。それは、融資判断に用いる個人の信用度を算出する試みだ。これは、「スコアリング」とか「レイティング」と呼ばれる。

アリババの関連会社、アント・フィナンシャルサービスが２０１５年１月に始めた「芝麻（ゴマ）信用」は、学歴、勤務先、資産、返済状況、人脈、行動の５つの指標の組み合わせで信用度を計算し、９５０点満点で評価する。

スコアが高いと、シェア自転車を無料で使えたり、海外旅行時にWifiルータを無料で借りられる。芝麻信用のスコアだけで無担保融資をする業者も出てきている。人々は信頼を失わないように心がけるので、人間の質を高めるとされる。

また、中国の趣店というスタートアップ企業は、ビッグデータを利用することによって、個人の信用を識別する消費者金融を開発した。

プロファイリングでは、秘密にされている情報を使うのではなく、オープンにされている情報を大量に集めて分析する。だから合法だ。

融資業務の審査へのＡＩの導入によって審査が自動化できれば、人件費を節減することができるだろう。

それだけではない。新しいビジネスを展開することも可能だ。

これまで、日本の銀行の融資は、担保主義を基本にしてきた。これに対して、金融庁は無担保・無保証融資や、新規事業に対する積極的な融資を推進させようとしている。しかし、これらは大きな貸出リスクを内包しているためなかなか現実化しない。ＡＩによる審査で信用度の評価を精密にできるようになれば、現状を克服して新しい融資対象を開発できる可能性がある。

採用活動においても、外資系企業を中心として、データ分析の活用が進みつつある。

日本の金融機関はビッグデータを蓄積できるか

ただし、以上で述べたことは、決して簡単にできるわけではない。

日本の場合にとくに問題となるのは、ビッグデータと呼ばれるデータは、これまで銀行が持っているタイプのデータとは違うものであることだ。ＳＮＳのデータなどの非構造的データを銀行がどのようにして入手できるだろうか？

日本の場合にＡＩスコアレンディングが機能するか否かは、金融機関がどれだけのビッグデータを集められるかに依存する。

これまでのように審査対象から資料を提供させるというのとは、まったく違う対応が必要になる。日本の金融機関にそのような対応ができるかが、これから問われることになる。

ＡＩスコアは、本章の３で述べた運転履歴や医療データから保険料を決める保険をモデルにしたものだ。ただし、保険の場合には、こうしたデータを集める仕組みが開発されている。

しかし、ＡＩスコアの場合には、そうした情報を銀行がどのようにして入手できるかが問題である。これは決して容易なことではない。

また中小企業向け融資の場合には財務データを用いるというが、倒産データの蓄積が十分でない、中小企業では恣意的な会計処理を行っており財務データが信頼性に欠けるなどの問題がある。

アメリカや中国では、ＳＮＳのデータや電子マネーのデータを取り入れている。

芝麻信用が強いのは、アリペイ上の決済情報など、アリババ・グループのサービスや提携サービスの使用状況をデータとして利用できるからである。数値を算出するための大量の個人データを持っていることが重要なのだ。

アマゾンがAmazon Lendingをできるのも、大量の商流データを持っているからだ。

ＡＩスコアは、こうした大量のデータの蓄積があって初めて有効に機能するものだ。日本の金融機関がこうしたデータをどう蓄積できるだろうか？

問題は、日本の金融機関が、ビッグデータを扱えるかどうかだ。それができないと、かつてのスコアレンディングの失敗を繰り返すことになる。

5　プロファイリングは、匿名社会の問題を克服するか

都市の匿名性は、自由をもたらした

人間社会の原始的な形態は、規模が小さいコミュニティだ。ここでは、誰もがコミュニティ内の他の人のことをよく知っている。生活のあらゆる側面が筒抜けになっている。その人のことだけでなく、親やその前の世代のことまで分かっていることが多かった。

こうした社会では、プロファイリングもスコアリングも顔認証も必要ない。プライバシーは、もともと存在しないからだ。こうした社会の息苦しさは、場合によっては耐えがたいだろう。

その後誕生してきた都市は、このようなコミュニティからの脱出を可能にした。

中世ドイツでは、「都市の空気は（人間を）自由にする」（Stadtluft macht frei）といわれた。これは、もともとは、都市の城門内に逃げ込んだ農奴が一定期間後に自由の身分を得られたことを表したものだが、もっと一般的な意味で使われることが多い。つまり、「都市の住民は匿名性を獲得できる。そして、匿名性は人間を自由にする」ということだ。

現代社会では、個人情報の保護は、基本的な人権の一つと考えられるようになっている。

匿名性は問題ももたらした

ところが、匿名性は、経済活動においては支障になる場合が多い。なぜなら、取引相手がどういう人かが分からなければ、信頼できるかどうかが判断できないからだ。経済活動が大規模化し、都市化が進展するとともにこうした問題は深刻化した。

取引の相手方を知る必要は、昔からあった。最初に述べたような原始的な社会は生活圏が狭く、コミュニティメンバーに関する情報は容易に得られた。都市化が進展して売り手と買い手の関係が希薄な大衆消費社会になり、交通手段の発達によって経済圏が拡大したために、こうした情報の入手がむずかしくなってきたのである。

市場の役割は、需要者と供給者を結びつけることだが、それが望ましい結果をもたらすには、提供される財やサービスの質についての情報が得られる必要がある。アダム・スミスが市場の効率性を論じたときの大前提は、そうした情報がコストなしで得られるということだ。

しかし、現実には、サービスの供給者はサービスの質についての情報を持っているのに対して、需要者は持っていないことが多い。たとえば、タクシー乗り場でタクシーを待つ利用者は、これから乗るタクシーの運転手が優良運転手かどうかを知ることができない。

これは、「情報の不完全性」あるいは「情報の非対称性」と呼ばれる問題である。ノーベル経済学賞受賞者のジョージ・アカロフは、このような市場を「レモンの市場」と呼んだ。そして、こうした市場では、サービスの質が低下していくことを示した。

情報の不完全性に対処するさまざまな取り組み

このような問題に対処するために、古くから、さまざまな仕組みが考案された。商法など法制度の整備、不動産などの登記システム、格付けなどである。国際貿易では、遠隔地の相手と取引しなければならないので、信頼性の欠如は、とりわけ大きな問題だった。このため、信用状などの手段が発明された。

また、消費者保護のために、規制当局が介入した。たとえば、タクシーの場合、何も規制しなければ白タクが増えて、安全が確保できないかもしれないし、法外な料金で暴利をむさぼられるかもしれない。そうしたことを防ぐために、一定の水準を満たすタクシー会社だけが営業できることにする。

もっとも、都市化が進展した後も、インターネット以前は、完全な匿名社会ではなかった。リアルネーム(日本では戸籍上の名前、アメリカでは出生証明書にある名前)が多くの場合に確認可能であり、そのために、相互監視がかなりの程度は機能したのである。たとえば、手形が裏書で転々流通するのも相互監視の結果だ。不渡りになれば、信用を失って商売できなくなる。北欧諸国で脱税が少ないのは、日常生活で相互監視が働いているからだといわれる。

ところが、インターネットの利用拡大によって、リアルネームによる監視がむずかしくなった。なぜなら、サイバー空間では、各人がいくつもの人格を作れるからだ。それらがすべて本人であるように振る舞える。

経済取引でも深刻な問題が発生する。相手が本当は誰かが分からずに取引しなければならないからだ。e-コマースでは、これは大きな問題だ。代金を支払ったのに商品が発送されない。あるいは、商品は受け取ったのに代金が支払われない、などの問題が発生する。

監視社会への道を開く危険も

プロファイリングやスコアリングは、こうした事態に対応するために生み出されてきたものだと考えることができる。それは、匿名社会での問題を克服するために必要とされる技術なのだ。

しかし、いうまでもないことだが、こうした手法は、プライバシー保護との関係で重大な問題をはらんでいる。正確なプロファイリングを行えるようになれば、プライバシーがなくなるからだ。第9章で見るように、これは、中国において現実の問題となりつつある。不正な手段でデータが流出するということになれば、事態はさらに重大だ。

プライバシーを確保しつつ、匿名性がもたらす問題を克服することは可能だろうか？　世界はこれから大きな実験を行うことになる。

Data Capitalism｜第4章

理論駆動科学からデータ駆動科学へ

1　理論駆動型科学の華々しい成功

物理学の成功：ガリレオ、ニュートン、アインシュタイン

第2章で、ニューラルネットワークのディープラーニングは、従来の科学的方法論からの基本的な転換だと述べた。それは、「理論駆動科学からデータ駆動科学へ」という転換だ。

いま社会で仕事をしている人々が学生時代に叩き込まれた方法論の基本は、つぎのことに尽きる。それは、「理論こそ重要であって、理論なきデータはクズに過ぎない」ということだ。

これは、物理学で確立された方法論だ。その基本は、「現実を抽象化し単純化した世界を想定し、そこでの法則を理論化する」というものである。たとえば、物体の運動を調べるのに摩擦がない真空の世界を想定し、そこで成立する運動方程式を導く。その理論を基本として、摩擦などが存在する現実世界に近づける。ここで想定されている真空の世界（現実を抽象化し単純化した世界）は、「モデル」と呼ばれる。

それまでは、アリストテレスの考えに従って、重い物体ほど早く落下すると考えられていた。しかし、ガリレオ・ガリレイは、すべての物体は同じ速さで落ちると考えた。空気中で羽と鉄

球を同時に落とせば、空気摩擦のために鉄球が先に落ちる。しかし、空気がない真空の世界においては、両者は同時に落ちるはずだ。その考えを、ピサの斜塔の実験で確かめた。

「ガリレオがピサの斜塔から落とした重さの違う2つの鉄球は、地上に置いた鉄板に同時に当たり、音はただ1回だけ響いた。それは、近代科学の始まりを告げる音だった」と本に書いてある（ただし、このエピソードは作り話のようだ）。

なお、ガリレオは、『天文対話』（翻訳が岩波文庫にある）で、重さの違う鉄球が同時に落ちることを「論理的に」証明している。この証明は実に面白い。

物理学の方法論が社会科学にも及ぶ

ガリレオの考えは、アイザック・ニュートンによってさらに磨き上げられた。ニュートンは、たった3本の簡単な方程式によって宇宙のあらゆる現象を説明することに成功した。理論駆動型科学は、このような華々しい成功によって確立された。

それ以後、さまざまの学問分野が物理学の方法を取り入れた。この考えは、社会科学にも及んだ。とくに顕著なのが経済学だ。

経済学は、基本的に物理学のアプローチを踏襲した。すなわち、取引に必要な情報が完全に得られる市場を仮定して理論モデルを作る。これは、物理学における真空と同じような仮定だ。

それから得られる結論が基本的なものだとした。

もっとも、使われるモデルの具体的な形は、分野によって違う。物理学では、ニュートンの力学モデルのように、数式（多くの場合に、微分方程式）で記述されているモデルが普通だ。経済学の場合は、数式のモデルもあるし、需要・供給曲線のように図だけで使えるモデルもある。人文・社会科学では、マルクス主義、構造主義などのように「主義」と呼ばれることもある。この場合には、モデルは言語で記述されている。

このように、モデルの具体的な形は違うが、「現実を抽象化し、重要な要素相互間の関係を明らかにする」という点では、すべて同じだ。その目的は、現実を理解し、予測することである。そして、学問とは、モデルの探求であるとされた。

学問の論争は、モデルの競争

学問上の論争は、モデルの正しさをめぐって行われる。

ある現象を説明するのに、競合するモデルがありうる。どのモデルが正しいかは、先験的には分からない。モデルの正しさは、モデルの結論を実際のデータに照らし合わせることで検証される。

モデルに反するデータが現れない限り、モデルは正しいとされる。これが近代科学の基本的な方法論だ。

モデルと相反する結果が得られれば、モデルは棄却される。「理論」とは、棄却されなかったモデルの体系である。新しい理論が現れてそれまで使われていた古い理論に取って代わることとは、自然科学では頻繁に生じている。

ただし、簡単に決着がつくわけではない。いまでは地動説が正しく、天動説が誤りであることが確立されているが、どちらの説によっても地上から見た天体の動きを説明できるので、どちらが正しいかの決着は長い間つかなかった。

あるいは、従来は複数のモデルで説明されていたことが、より普遍的な一般モデルで説明できるようになることもある。科学の進歩とは、モデルの進歩である。

相対性理論の体系がニュートン力学を否定した決定的証拠は、1919年5月の皆既日食で得られた。アフリカ西海岸沖のプリンシペ島に遠征した観測隊は、太陽の影に隠れて見えないはずの星が、黒い太陽の端に輝いていることを確認した。アルベルト・アインシュタインの一般相対性理論が予測したとおり、太陽の重力で空間が歪み、星からの光が曲がったのだ。これは、理論駆動型科学の数多い勝利の瞬間の中でも、もっとも印象的なものの一つだった。

モデルはどのような役割を果たすか

モデル思考法は、どれほど強力だろうか？　モデルを使わない場合に比べて、どのように優れているのだろうか？

第1に、モデルは、理解のための道具であり、そのために本質的な役割を果たしている。たとえば、単なる相関関係は、必ずしも因果関係を意味しない。相関関係があるからといって、因果関係があるとはいえないのだ。相関関係と因果関係の区別はきわめて重要である。これは、モデルがないと理解できないことだ。

第2に、モデルを用いれば予測ができる。ニュートンのモデルは、惑星の運行の「予測」を可能にした。あるいは、日食や月食の予測を可能にした。大砲の砲弾の軌跡を正確に予測できるようになった。

それだけではない。「いままで存在が知られていなかったもの」の発見を可能にした。天王星の存在が予測され、予測されたまさにその場所に新しい惑星が発見されたエピソードは、ニュートン力学の強力さを印象的に示すものだ。

「あるべきものがない」というのは、しばしば重要な発見だが、これを知るにはモデルが不可欠だ。また、「存在しえないこと」を理解することもできる。

第2に、モデルを用いれば、整合的な思考ができる。一貫性のある主張をするために、モデルは不可欠だ。モデルがないと、その場その場のアドホックな思いつきで、主張は支離滅裂になる。あるいは、矛盾した考えを持つことになる。

第3に、モデルを用いれば、矛盾する目的を排除することができる。たとえば、「安くてよいものを作る」「最小のコストで最大の効果を実現する」は、通常は不可能である（可能なのは、一定の価格で品質を上げる、一定の品質で価格を下げる、一定のコストで効果を最大にする、一定の効果を実現するためのコストを最小化する、などである）。

第4に、モデルを明確化すれば、どのような指標を見ていればよいかがはっきりする。そうしたフレームワークがないと、何を見ていればよいかが分からなくなり、事態を把握できなくなる。

現実を単純化し抽象化してモデルを作る

モデルは数学的である必要はない。しかし、数学的であるほうが扱いやすい。モデル的な思考法を習得した人は、格別意識しなくても、なんらかのモデルで物事を考えている場合が多い。

モデルは、現実を単純化し、抽象化する。現実は複雑すぎて簡単には理解できないので、重要で本質的と考えられる要素だけを摘出し、それらがどう関連しているかという相互関係を示す模型を作るのだ。そして、模型の挙動を調べる。それによって、現実の世界の動きを予測するのである。

モデルは、現実を単純化している。いいかえれば、現実に存在するもので、重要でないと考えられるものを捨象している。だから、現実そのものではない。

たとえば、ニュートン力学は、摩擦のない世界を想定している。もちろん、現実の世界には摩擦がある。だから、ボールを転がしても、ニュートンの方程式が予測するようにいつまでも等速運動を続けるのではなく、いつか停止してしまう。その意味で、現実を完全に記述しているのではないのだ。

しかし、最初から摩擦のある世界を説明しようとすると、複雑になりすぎて扱えなくなる。そこで、まず摩擦のない世界での物体の運動を記述し、それから後で摩擦を取り入れたモデルを作って結論を修正するのだ。

重要なのは、最初に摩擦のない世界を考えたことだ。物理学は、この方法論をとることによって発展しえたのである。

理論駆動型研究が成功するかどうかは、対象から枝葉末節を取り除き、本質を取り出してモデル化できるかどうかにかかっている。それができるかどうかで研究者の能力が評価される。

2　データ駆動への転換

ヒトゲノムの解読計画に型破りの天才が参入

ところが、以上で述べたような方法論が、最近変わりつつあるのだ。これは、科学的方法論の大転換だ。

この転機になったのは、ヒトゲノムの解読計画だ（ヒトゲノムとは、人の全遺伝情報のこと）。ヒトゲノム解読計画は、1990年にアメリカで公的資金によってサポートされた国際チームの共同作業によって進められた。しかし、研究はなかなか進展しなかった。

そこに、ジョン・クレイグ・ヴェンターが参入してきた。彼は分子生物学者で、型破りの天才だった。高校時代にはろくに勉強しなかった。高校卒業後にヴェトナム戦争に従軍したが、知能指数テストの成績が非常に良かったので医療班に回された。

帰国後、カリフォルニア大学サンディエゴ校で生化学を学び、1975年に生理学・薬学で学位を取得した。そして、ニューヨーク州立大学バッファロー校の教授となり、1984年に国立衛生研究所（ＮＩＨ）に移った。

そこでの上司がジェームズ・ワトソンだった。ワトソンは、DNAの二重螺旋構造の発見者で、1962年にノーベル生理学・医学賞を受賞した有名な学者だ（DNA——デオキシリボ核酸——とは、遺伝情報の継承と発現を担う高分子生体物質のこと）。

ヴェンターは、解読した遺伝子で特許をとろうとして、ワトソンと衝突した。そして、NIHを飛び出してしまった。

1997年にヴェンターはセレーラ・ジェノミクス社を設立し、ヒトゲノム解読競争に参入した。彼は公的資金グループには参加せず、一匹狼として、自力でのゲノム解読作業を始めたのだ。

コンピュータを駆使するショットガン法

核酸の塩基配列は、「シークエンス」と呼ばれる。DNAの塩基配列はA、T、G、Cの4文字からなる文字列で表現できる。この配列を明らかにする作業が、「塩基配列決定」、あるいは「シークエンシング」と呼ばれるものだ。

ゲノム解読のために、DNA分子を「シークエンサー」（配列解読機）という装置にかけて読み取る作業が行われる。ヒトゲノムは30億文字もあるが、1サンプルで解読できるのはせいぜい500文字だ。染色体の端から端までを正確に切れ目なく読み取れるDNAシークエンサーは存在しない。したがって、膨大な作業が必要になる。

公的チームは、シークエンサーで読み取る前に、全体の俯瞰図を作るという方法をとっていた。俯瞰図ができれば、全体の中でのサンプルの位置がはっきりする。したがって、安心して解読できる。しかし、俯瞰図の作成は大変な作業だ。このため、公的チームは、解読に取りかかるに先だって、膨大な時間を費やした。解読完了は2005年頃とされていた。

ところが、ヴェンターは、「全ゲノムショットガン配列解析法」と呼ばれる独自の方法を開発した。

この方法では、まず、ゲノム全体を、超音波や水流の剪断《せんだん》力などの物理的な力で短いDNA鎖にランダムに切断してしまう。こうして得られた大量の断片を、シークエンサーで片端から読み取っていく。そして、DNA断片の配列の重なり部分をコンピュータ上でつなぎ合わせることによって、連続した全ゲノムの遺伝子配列を決定するのである。これによって、元の配列を再構築するのだ。

喩えでいえば、多数の書物をバラバラにしてからシュレッダーにかけ、細切れにしてから読むようなものだ。理論的には、全ゲノムの約10倍に相当する配列を読めば、すべての断片が整列し、連続するとされる。

この作業は、スーパーコンピュータで自動的に行う。要するに、バラバラになった大量のデータを、コンピュータが判断しながら組み立て直すという方法だ。ショットガン法は、コンピュータによる力づくの方法だ。公的チームの方法に比べて、ずっと簡単で速い。

彼は、すでに1995年に、この方法を用いて、インフルエンザ・ウィルスのゲノム配列の決定に成功していた。しかし、多くの研究者は、ヒトゲノムにこの方法を用いるのは無理だろうと考えていた。

ところが、ヴェンターは、1000億円もの資金を調達して300台のシークエンサーをフル稼働させた。そして、1台数千万円もする世界最大の民間スーパーコンピュータを何十台も揃えた。そして、解読作業を始めてから1年も経たない1999年9月に、ヒトゲノムの解読を終わらせてしまったのである。

2000年6月、アメリカ大統領（当時）ビル・クリントンは、ヒトゲノムの解読作業が終了したと宣言した。ヴェンターが現れたために、解読が早まったのだ。それだけではない。ここで、科学的方法論が変わったのだ。

理論やモデルは死んだのか

本章の1で述べたように、これまで数百年間にわたって、科学者は「理論駆動型」、または「仮説駆動型」の方法論に基づいて研究を進めてきた。

ところが、ヴェンターのショットガン法が成功を収めたことが契機となって、生命科学の方法論は大きく変わった。大量のデータと超高速のコンピュータがあれば、モデルがなくても正しい結果を得られることが分かったからだ。そのために必要なのは、適切なアルゴリズムの開発だけだ。

ヒトゲノムの解読は、いまや30時間でできるようになった。費用は100ドルしかかからない。

同様の変化が、科学の他の分野にも広がりつつある。これまでとはまったく異なるアプローチがとられ、仮説駆動型から「データ駆動型」へと、アプローチが転換しつつある。

データ駆動型では、モデルを固定することなく、データを用いて、現象を説明できるモデルをコンピュータが自動推定する。このため、モデルを作るのがむずかしい現象も扱える。そして、研究者が想像もしなかった新発見が可能となる。

相関関係が把握できればよいのであって、因果関係は分からなくてもよい。整合的なモデルなしに科学は進歩しうる。理論やメカニズムの解明は必要ないということになった。いまや、「科学はどの程度自動化できるか」が研究者の関心となった。

Wired 誌の編集長クリス・アンダーセンは、"The End of Theory" というエッセイの中で、「これまでの科学的方法は死んだ」と宣言した。

そして、統計学者ジョージ・ボックスの有名な言葉「すべてのモデルは間違っている。そして、ますます、モデルなしで成功できるようになる」を引用し、グーグルの研究者のつぎのような言葉を紹介している。

「人々の行動の理由など、分からない。しかし、われわれは、彼らの行動をかつてないほど正確に追跡し、測定することができる。十分なデータがあれば、数字が自ら語るのだ」

ただし、これは、あまりに大きな変化だ。こうしたアプローチが本当に正しいのかどうか、アプリオリには分からない。

グーグルの猫：AIにおけるディープラーニングの成功

ＡＩ（人工知能）の分野で、これまで夢の技術だと考えられていたパタン認識が急速に進歩した。それは、第2章の1で述べたように、「ニューラルネットワークによるディープラーニング」という方法を採用したからである。

２０１２年には猫の特徴抽出をディープラーニングで行うことによって、グーグルが猫の画像の認識に成功した。これが成功したのは、きわめて規模が大きいディープラーニングを行ったからである。

こんな単純な方法で成功するとは、それまで考えられていなかった。ディープラーニングは、AI研究者の中では異端の方法とみなされていたのである。しかし、この方法によって、いまでは、特定の分野でのパタン認識は、人間の能力を超えるまでになった。2016年には、ディープマインド社のAIが、囲碁のプロ棋士を打ち負かした。

大量のデータが利用可能になれば、「理論がなくとも、結論だけ分かればよい」という方法をとることも可能だ。それがディープラーニングの手法だ。

空気中の物体落下の実験データをディープラーニングさせたら、「密度が高い物体ほど早く落ちる」という結論を導くだろう。その結論は、空気中の物体の運動法則としては、間違ったものではない。ただし、ガリレオ、ニュートン以来の自然理解の方法とは著しく異なるものだ。

なぜ正解なのかを人間が理解できない

ニューラルネットワークによるディープラーニングの問題点は、なぜ最適解が正解なのかを、人間が理解できないことだ。

AIの「思考過程」が、ブラックボックスになっている。モデルあるいは論理が、人間に追跡できない。モデルは分からないが、とにかく正しい答えを出している。

これまでのコンピュータプログラムなら、論理構造が分かる。しかし、ディープラーニングの場合には、コンピュータがビッグデータからどのように学習しているのかを、人間が知ることはできない。とにかく学習をし、能力を高めている。そして、将棋や囲碁では人間を負かすほどに進化した。

この手法は、問題をもたらすかもしれない。たとえば、第3章で述べた「プロファイリング」という技術についていえば、ＡＩがどのような過程でプロファイリングをしたのか、その判断のプロセスが外から分からないのである。このような手法が広く使われる世界に、危惧の念を覚える人は多いだろう。

最近では、このような「ブラックボックス問題」を克服しようとする研究も進められている。これは、「ニューラルネットワークのホワイトボックス化」といわれるものだ。

２０１９年6月に開催された「世界デジタルサミット２０１９」でも、議論がなされた。ＩＢＭ、グーグル、富士通などが、ホワイトボックス化の研究を進めている。

ただし、現在までのところ、実用的な方法が見いだされたわけではない。

「ニューラルネットワークがどのように機能しているのかを理解しようとする研究は勝ち目のないゲームだ」との指摘もある。

マーケットの決定もブラックボックス

答えを出すプロセスがブラックボックスであるのは、ニューラルネットワークのディープラーニングに限ったものではない。実は、マーケットにおける決定にもブラックボックスとしかいえない部分がある。

経済学者は、マーケットメカニズムに強い信頼を寄せている。誰もが知っているのは、アダム・スミスが『国富論』で展開している「見えざる手」の議論だ。しかし、見えざる手のメカニズムは明らかでない。

それを示す有名な例が、つぎのものだ（ジェローム・スロウィッキー、『「みんなの意見」は案外正しい』角川書店、２００６年）。

１９８６年１月28日午前11時38分、アメリカ、フロリダ州のケネディ宇宙センターから、スペースシャトル・チャレンジャー号が打ち上げられた。しかし、その74秒後にチャレンジャーはフロリダ沖合上空で爆発し、乗員７名の生命が失われた。

このとき、株式市場で驚くべきことが生じた。まず、数分もしないうちに、市場はその情報に反応し、スペースシャトルの製造と飛行に関係する４社の株価が、目立って下落を始めた。

事故の責任はこの４社のどれかにあるはずだから、このこと自体はさほど驚くべきことではない。

しかし、20分もすると、株価の下がり方に差が生じてきた。4社の中で最も激しく下落したのは、固体燃料ブースターを製作したモートン・サイオコール社だった。そして、同社の株はほどなく取引停止に追い込まれた。他方で、ほかの3社の株価は持ち直し、その日の終値での下落幅は、前日比2％にとどまった。

事故原因を調査する政府の委員会が組織され、5ヵ月後に結論を出した。それによると、事故の原因は、モートン・サイオコールが製作したブースターの継ぎ目の「Oリング」にあった。

事故の原因を示唆する報道などまったくなされていない段階で、アメリカの株式市場は、わずか20分のうちに、真の責任企業をつきとめてしまったのだ。

なぜ、株式市場は正しい判断ができたのか？

まず疑われたのは、同社の関係者がインサイダー情報に基づいて株を売ったことだ。したがって、それに関する調査は念入りに行われた。しかし、インサイダー取引が行われた形跡はなにも見当たらなかった。

われわれは、「どのようにしてそれができるのかを説明することはできないのだが、市場は正しい答えを算出する能力を持っている」としかいえないのだ。

同じような例はほかにもある。それは、オプション価格に関するものだ（オプションとは、「取引できる権利」のこと。例えば、株式のコールオプションとは、ある株式をあらかじめ決めた価格で購入できる権利のこと)。

オプションは古くから市場で取引されていたが、価格の正確な算定法は知られていなかった。この難問に初めて答えを与えたのは、1973年に発表されたフィッシャー・ブラックとマイロン・ショールズの論文だ。

このとき彼らは、実際に市場で成立しているオプションの価格を、彼らの理論式と照合してみた。ところが、驚くべきことに、ほとんどすべての市場価格が公式の結果と一致していた。しかし、あるオプションの価格だけが理論式よりかなり低い値になっていた。そこで、彼らはそのオプションを購入したのだが、期待に反して、それによって利益を上げることはできなかった。

後でわかったことだが、そのオプションの基礎になる株式について、まだ公表されていない情報があったのだ。その情報を加味してオプション価格を計算すると、市場価格と一致した。つまり、正しかったのは市場のほうだったのだ。ブラックとショールズは、市場がすでに取り入れている情報を知らずに、誤った価格を算出しただけだった。

ブラック=ショールズ式が発見されるまで、オプションの正しい価格付けはできなかったと考える人がいる。しかし、そうではなく、それまでも市場はブラック=ショールズ式と同じ結果を出していたのだ。この場合にも、市場がなぜ正しいオプション価格を算出できたのかは、説明できない。「どのようにしてかは分からないが、とにかく正しい答えを出していた」といえるだけだ。

3　スパースモデリングとは何か

スパースモデリングの強力さ

ビッグデータという大量のデータが登場し、その利用が進んでいる。しかし、データ分析にあたって、つねにビッグデータが得られるわけではない。データ数の不足が問題となる局面はいまでも少なくない。

少ない情報から重要な特徴を見つけ出す「スパースモデリング」と呼ぶ情報抽出技術が注目を集めている。

ビッグデータという言葉が流行語になったため、できるだけ大量のデータを持つことが重要と考えられがちだ。しかし、現実には、大量のデータに埋もれて本質が見えにくくなってしまうという問題がある。こうした状況に対応するために、スパースモデリングは重要な意味を持っている。

たとえば、つぎの例がある。ＭＲＩ（核磁気共鳴画像検査）では、巨大な磁石を用いて患者の体の断面の画像を作成する。鮮明な画像を作成するには長い時間をかけて多くのデータを集める必要がある。しかし、患者は検査中に姿勢を変えることができないため、長時間の検査は患者にとって負担となる。

ところが、ＭＲＩの画像にはスパース性がある。スパース（sparse）とは、「まばら、すかすか」という意味だ。スパースモデリングは、物事に潜むスパース性を利用した情報抽出技術だ。

全体のデータは大規模だが、意味のある情報はごく一部しかない。実際に観測されるデータはこうしたものが多い。スパース性はさまざまな現象に普遍的に現れるといわれている。

体内の画像は同一の物質内ではおおよそのっぺりとしていて、隣り合う画素間で画素値が大きく変化する箇所は、物質と物質との境界でわずかしかない。そうした箇所だけに注目すれば、必要なデータ数は少なくて済む。

ＭＲＩ画像の場合、無駄を省いた分を活用することで、時間的な変化のデータを取得し、動画の取得が可能になった。こうした技術は「圧縮センシング」と呼ばれる。

体内のＭＲＩデータのようなものを、「スパース構造を持ったデータ」という。スパースモデリングとは、このようなデータに対して、少ない情報から全体像を的確にあぶり出す方法だ。本質を自動的に抽出する方法である。

この手法は、ＩｏＴ（モノのインターネット）で収集される情報の分析、通信ネットワークの劣化箇所の検出、天体観測など多くの分野に応用されている。

マテリアルズ・インフォマティクス

材料に関わるデータやＡＩなどを組み合わせて新材料を開発する手法は「マテリアルズ・インフォマティクス（ＭＩ）」と呼ばれる。２０１１年に当時の米オバマ大統領が「マテリアルズ・ゲノム・イニシアチブ」を打ち出し、世界各国で研究が活発になっている。最近は中国での研究が活発だ。欧州や日本、中国、韓国でも国家プロジェクトが動き始め、競争が激しくなっている。

この方法は生命科学の分野でいち早く取り入れられ、薬品の開発などに活用されてきた。試料の作製に手間がかかり大量のデータを得るのがむずかしいなどの課題を抱える材料分野で導入は遅れたが、活用法を工夫しながら成果が出始めている。

すぐれた材料を開発するにはどんな条件が重要か、ＡＩで導き出す。無限ともいえる物質の組み合わせの中から役に立つのはどれか、見つけ出すのは容易ではない。材料研究者は実験と考察を繰り返し、経験を積んで、求める特性を備える材料を開発してきた。マテリアルズ・インフォマティクスはそれを塗り替える。10年近い期間が必要とされる材料開発を10分の1に短縮することも可能という。

これまで、必要なデータが十分に集まらず、画期的な新材料の発見にはつながらないという問題もあった。それが、少ないデータでも新材料を見つけられるようになってきた。少ない情報から重要な特徴を見つけ出すのが、スパースモデリングだ。マテリアルズ・インフォマティクスでも、スパースモデリングが用いられる。限られた量のデータから効率よく新材料を作り出す。

日本の研究者は実験を繰り返して生み出す材料開発を得意にしており、リチウムイオン電池や青色発光ダイオード（LED）などの実用化で世界に先がけた。しかし、データ解析競争に軸足が移ると、これまでの優位性を失うかもしれないといわれる。

4 「データ駆動型」とは何か

「データ駆動型」はパラダイムの転換

以上で述べたことと関連するものとして、「データ駆動型（data driven）」という概念がある。これと関連して、「データ駆動型経営」とか「データ駆動型意思決定」ということが、しばしばいわれる。

「データ駆動型とは、企業などの意思決定の際に、直観や経験だけに頼らずにデータに基づいて行うことだ」と説明されている。

あるいは、つぎのようにもいわれる。従来のデータ分析は「記述的分析」であった。ここでは、分析対象は構造化されたデータであり、判断は人間が行う。それが、最近では、「予測的分析」や「指示的分析」へと広がりつつある。こうした新しい分析では、ビッグデータを使って、機械学習でモデルを作る。

こうした説明は、誤りではない。しかし、これらがデータ駆動型の本質の説明になっているのかというと、疑問だ。

「意思決定はデータに基づいて行う必要がある」と言うが、データの使用は、昔から行われていた。また、データを用いて予測をするようになったというが、これも従来から行われていたことだ。

このように、前述の説明は、データ駆動型がこれまでのデータ分析とどのように違うかの本質を説明していない。

以下では、「データ駆動」は、本質的な変化であることを述べる。それは、ビッグデータ時代になって、データの利用に関する基本的な考えが変わってきたことと関連している。したがって、連続的な変化ではなく、不連続的な変化だ。それはパラダイムの転換である。

データ駆動型の採用は、これまでの主流であった仮説検証型方法論からの訣別だ。それは、経営や意思決定のみならず、科学的方法論一般の変化の一環なのである。自然認識の基本的な考えが変わりつつあると述べたが、それと同じ範疇の変化である。

仮説から出発する「後ろ向き連鎖」

「データ駆動型」が何かは、コンピュータサイエンスにおける2つの方法論を見ると、分かりやすい。

「データ駆動型」は、コンピュータサイエンスにおける「前向き連鎖」(forward chaining) に対応しているのだ。これは、「まずデータを見、それが適用できる法則やルールを調べていく」という方法である。

それに対して、「後ろ向き連鎖」（backward chaining）がある。これは、「仮説から出発して、それに合うデータがあるかどうかを調べていく」という方法だ。

簡単な例によって、この2つの違いを説明しよう。

あるコンビニエンスストアとその環境について、図表4－1に示すような5つの法則（またはルール）が知られているとする。

「後ろ向き連鎖」のアプローチでは、まず仮説を立てる。たとえば、「水のペットボトルの注文を増やすべきだ」。

つぎに、この仮説を支持しうるか否かを判断するために必要な法則を探す。このため、右の仮説が結論になっている法則を探す。この例では、命題4が見いだされる。

つぎに、この条件（明日は暑い）が真かどうかを判断するために、それが結論とされている法則を探す。この例では、命題1が探し出される。

そして、その条件部をデータと照合する。「今日の気温が例年より高い」というデータがあるとすれば、「水のペットボトルの注文を増やすべきだ」という仮説が支持されることになる。

そこで、「水のペットボトルの注文を増やす」という行動がとられる（図表4－2参照）。

図表4-1　法則（命題）

	条　件		結　論
命題1	今日の気温が例年より高い	▶	明日は暑い
命題2	今日の気圧が例年より低い	▶	明日は雨
命題3	近くに住むＡさんの体調が良い	▶	Ａさんはビールを買いに来る
命題4	明日は暑い	▶	水のペットボトルの注文を増やすべきだ
命題5	明日は雨	▶	傘の注文を増やすべきだ

図表4-2　後ろ向き連鎖

仮説	水のペットボトルの注文を増やすべきだ
この仮説が結論になっている命題	命題4
この条件	明日は暑い
この条件が結論になっている命題	命題1
その条件	今日の気温は例年より高い

図表4-3　前向き連鎖

得られたデータ	得られたデータが条件になっている法則	結論	左の結論が条件になっている法則	行動
今日の気温が例年より高い	命題1	明日は暑い	命題4	水のペットボトルの注文を増やす
今日の気圧が例年より低い	命題2	明日は雨	命題5	傘の注文を増やす

最終的なゴールのリストが、どの法則（ルール）が選ばれるかを決定するので、この方法は「ゴール駆動型」とも呼ばれる。なお、この例では、命題2、3、5は用いられていない。これらの法則は、「水のペットボトルの注文を増やすべきだ」という仮説からは駆動されなかったのだ。

データから出発する「前向き連鎖」は、きわめて大きな転換

「前向き連鎖」の場合には、データから出発する。

このコンビニエンスストアが保有しているデータは、今日の気温が例年より高いということと、今日の気圧が例年より低いということだとする。

そこで、これが条件になっている法則を探す。すると、1と2が見いだされる。これらにより、「明日は暑く、雨」という結論が導かれる。

つぎに、これらが条件になっている法則を探す。すると、4と5が見いだされる。そこで、「水のペットボトルと傘の注文を増やす」という行動がとられる（図表4－3参照）。このような方法によって経営を行うのが、データ駆動型経営だ。

このアプローチでは、「とにかくデータを集め、それを判断の出発点にする」という方法をとっている。しかし、これは、従来のアプローチである「後ろ向き連鎖」に比べて、あまりに

大きな転換だ。

「データを集める前に、何をしたいのかをまず考えるべきだ」というのが、従来の常識的な考えだからだ。

実際、ビッグデータの議論においても、「無闇にデータを集めるのでなく、どんな目的のためにデータを集めるのかをまず考えるべきだ」との議論がある。これは、「モデルなきデータはクズに過ぎない」という従来の科学的方法論の延長線上にある考えだ。われわれは、こうした考えをあまりに叩き込まれたので、それから脱却するのは容易なことではない。

基本的な方法論の転換が要求される大きな理由は、データを収集するための仕組みが変化し、ビッグデータという新しいタイプのデータを入手できるようになったからである。

データ駆動型は、状況変動に対応しやすい

前向き連鎖（データ駆動型）では、新たなデータが得られると新たな推論が開始される。このため、後ろ向き連鎖（ゴール駆動型）に比べて、状況が変動している状態に対応しやすいという利点があるとされる。

右の例で、後ろ向き連鎖（ゴール駆動型）では、仮説「傘の注文を増やすべきだ」は検討されていない。傘の注文は、単に忘れられていたのかもしれない。

このため、仮に明日雨が降るのであっても、傘の注文をしておらず、在庫が切れて、せっかくの売り上げ増を逃してしまうことになる。

しかし気圧のデータはあるので、データ駆動であれば命題2、5が見いだされ、傘の注文を増やすという行動に反映されるだろう。つまり、自動的にアラームが発せられるのだ。

ではつねに、できるだけ多くのデータを集め、データ駆動型をとるほうがよいのか？

必ずしもそうとはいえない。右の例で、何らかの方法によってAさんの体調が良いというデータが得られて命題3が見いだされたとしても、そのデータだけでは、ビールの注文を増やす行動はとられないだろう。なぜなら、それによって得られる売り上げ増はごくわずかだからだ。

ビッグデータが利用できるようになり、データ駆動が優位に

ところがデータ収集のコストが下がり、処理能力が高まれば、条件は変わる。

Aさんだけではなく多くの人のデータが集まるようになれば、それを利用して明日のビールの注文に用いるということが行われるようになるだろう。

これまでは後ろ向き連鎖が主流であった。しかし、ビッグデータ時代になって、前向き連鎖(データ駆動型)の重要性が増してきたのだ。データ駆動型の説明として、「ビッグデータをリアルタイムで分析し、ビジネスにおける戦略や戦術を弾力的に変えることだ」といわれるのは、

このためである。

IoT（モノのインターネット）で、さまざまな機器から情報が送られてくれば、それがビッグデータの一部になる。その中には大変重要な情報もあるだろう。

たとえば、橋などのインフラストラクチャーがどの程度劣化しているかが分かる場合もあるだろう。この場合にデータ駆動型の決定を行っていれば、壊れる前に、あるいは事故が起きる前に適切な対策を講じることができるようになる。病気の診断などに関しても、同じことがいえるだろう。

ただし、IoTの時代になったからといって、あらゆるデータが重要になるわけではない。とくに、ホームオートメーションの関係では、集まるデータの中にどれだけ有用なものがあるかは疑問である。データの活用についての費用と便益の比較が必要だ。

データ駆動型経営では、情報が判断を決める

データ駆動の考えを企業経営に応用すれば、状況変化に敏速に対応する「データ駆動型経営」が実現できる。

これまでは、経営者が経験や直観などに基づいて事業戦略を決定する場合が多かった。もちろんデータは使われてきたが、それは、実行されている戦略の有効性をテストするためのもの

であった。つまり、後ろ向き連鎖的な考えが主流だった。このため、新しい事態が生じても、従来の戦略が続けられる場合が多い。

それに対して、データ駆動型の経営では、新しい事態が生じればそれがデータに表れるので、戦略が自動的に変更される。

問題は、データ駆動型アプローチによってある戦略を示された場合、経営者がそれを是とするかどうかである。

「私はコンピュータには指示されない。自分の経営判断のほうが正しい」と主張することは十分にありうるだろう。

データ駆動型への転換は、発想の基本的な転換を要するものであって、実際には、それほど容易なことではない。

経営者だけではない。エキスパートは、自分の仕事がデータサイエンティストに奪われてしまうことに対して強く反対するだろう。

Data Capitalism | 第5章

データサイエンスの役割

1　データサイエンスの登場

データサイエンスとは何か

「データサイエンス」と呼ばれる学問の新領域が注目を集めている。

これは、一体、どのようなものか？　企業にとって、データサイエンスの導入は、意味があることか？　本章では、こうした問題について考えよう。

データサイエンスの知識なしにビッグデータを使うといっても、流行語のから騒ぎに終わる危険がある。それだけでなく、導入して事態をかえって悪化させてしまう危険もある。

では、データサイエンスの内容は何か？　これは新しいアプローチなので、その内容について必ずしも正確に理解されているわけではない。また、人によって理解のされ方も異なる。

しばしば、「データサイエンスとは、データに関する研究を行う学問である」といわれる。この定義は間違いではないが、あまりに広すぎる。また、単に「データを扱う」というだけなら、これまでも広く行われてきたことだ。

あるいは、つぎのようにいわれる。「データサイエンスは、コンピュータサイエンス、数学、統計学、情報科学などの知見や手法を用いる科学。ビッグデータ、ＡＩ（人工知能）、ディープラーニングと関連する」。

こうした概念規定も間違いではない。しかし、データサイエンスの外面を記述しているだけであり、その内容や方法論を説明しているわけではない。

データサイエンスとは、「データが駆動する」アプローチ

データサイエンスがこれまでの学問と大きく異なるのは、理論とデータの位置づけに関して、これまでとは正反対のアプローチをとっていることだ。

第４章で述べたように、従来の考えでは、まず理論モデル（あるいは仮説）があり、それから観測可能な結果を導き出す。それを実際のデータと突き合わせて、理論モデル（あるいは仮説）の正しさを検証する。これは、「理論駆動型」または「仮説駆動型」と呼ばれるものだ。

それに対して、データサイエンスでは、これと逆の方法論をとっている。つまり、理論モデルがなくても、データを用いてコンピュータに判断させ、モデルを導くのだ。

モデルが明確には分からない場合もある。第２章で述べたように、ディープラーニングの場合、導き出されたパラメータの組み合わせがなぜ最適なのかが解釈できない場合もある。そうであっても、答えが正しければよいとされる。

このため、データサイエンスは、「データ駆動型科学」(data-driven science) とも呼ばれる。「理論駆動型からデータ駆動型へ」という、基本的方法論の大きな転換は、第4章で述べたように、科学的方法論の大転換なのである。

このアプローチは、ビジネスにおいても有用だ。これを適切に使うことができれば、企業収益を飛躍的に増大させられるかもしれない。また新しい事業分野の開拓が可能になる場合もあるだろう。

ただし、データサイエンスでどんなことでもできるわけではない。その内容が新しいものであることから、データサイエンスのいかなる方法を、事業のいかなる分野に応用したらよいのかは自明ではない。場合に応じた判断が必要だ。

2　ＡＩの機械学習にはデータサイエンスが不可欠

機械学習は自動的にできるわけではない

データサイエンスは、必ずしもＡＩ（人工知能）のための方法論ではない。ただし、両者が密接に結びついているのも事実だ。

第2章で述べたように、ＡＩが従来のコンピュータと異なる本質的なポイントは、「機械学習」を行っていることだ。

ＡＩによる機械学習の手法としては、ニューラルネットワーク（神経系ネットワーク）をはじめとして、さまざまなものがある。いまでは、機械学習のライブラリがあり、諸々のアルゴリズムが実装されているので、分析対象にあったモデルをすぐに用いることができる。これらの中にはＰＣで用いることができるものもある。

では、どのモデルを使うかを決め、モデルの仕様を決め、そこに学習データを入れれば、それでよいのだろうか？　ＡＩにデータを与えさえすれば、人間が何をしなくとも、コンピュータが自動的に学習して賢くなってくれるのだろうか？

たしかに、コンピュータは与えられたデータを用いて機械学習をし、結果を出してくれる。しかし、これで済むわけではない。

機械がまったく自動的にさまざまな情報を取り入れて、人間が行うように学習するというわけではなく、以下に述べるように、どのように学習するかは、人間が考えて、その仕組み（機械学習の手法）を事細かに決める必要があるのだ。

手法の選択

では、データサイエンティストは、具体的にはどのような仕事をするのか？

まず、機械学習の手法を選ぶ必要がある。

機械学習の手法としては、いくつかのものがある。現在もっとも注目を浴びている機械学習の手法は、第2章で述べた「ニューラルネットワーク」による「ディープラーニング」だ。

しかし、機械学習の手法はそれだけでない。古くから使われてきた手法として「重回帰分析」がある。

新しい手法としては「決定木」という方法がある。それを発展させたものとして「ランダムフォレスト」がある。ランダムフォレストは、ディープラーニングが登場する前には、AI分析手法として最強力のものとされていた。また、「ベイジアンネットワーク」などの手法もある。

このように、ある問題に複数の手法を適用しうるのである。どの手法を用いるべきかについて、決まったルールがあるわけではない。しかし、問題を解くのに適した手法を使う必要がある。その判断が重要だ。

変数の選択

つぎに、変数の選択を行う必要がある。

データ分析において、使う変数は多いほうがよいとは限らない。このことは、回帰分析では「多重共線性」の問題として昔から知られていた。回帰分析において相関が高い説明変数を用いると、結果が不安定になってしまうのだ。

類似の問題が、他の分析手法でも生じる可能性がある（この問題は、「過学習」（オーバーフィッティング）と呼ばれるものだ。これについては、本章の3で詳しく論じる）。

後述するKaggleのコンペに投稿されている分析を見ると、以上の点について、さまざまな工夫をしてデータの事前処理をしていることが分かる。機械学習では、データの事前処理が仕事の9割の仕事を占めるといわれる。それほど重要な作業だ。

なお、分析者は、選択基準（説明変数）のほかにも、モデルのいくつかの仕様を設定することができる。この作業は、「モデルのチューニング」と呼ばれる。

モデルをチューニングすることが可能であり、チューニングしないと良い結果が出ない。

欠損データへの対処

集まってきたデータをそのまま活用できるわけではない。実際のデータには、さまざまな問題があるからだ。

データサイエンティストの主要な仕事は、これらのデータを機械学習に使えるよう整えることだ。それは、職人的な「アート」である。

では、それは、実際には、どのような作業なのだろうか？

第1に、欠損データの問題がある。たとえば、対象者の年齢が分からない場合が多い。ところが、問題によっては年齢が重要な意味を持つ場合もあるので、年齢が欠損している場合に、それをいかに補完するかが重要だ。

単純に考えると、データ全体の平均値や中央値を用いることが考えられる。あるいは、階級、性別ごとの年齢の平均値や中央値を利用する方法もある。また、属性が近い人の年齢を使うという考えもある。

第2に、非構造化データの扱いがある。これは、第1章の2で述べたように、統一的な行と列の数字データにはなっていないデータだ。

間違ったデータ

得られるデータの中には、間違っているものや、単なる憶測に過ぎないものもある。金融市場で刻々得られる情報の中にはデマの類いのものも多い。

資産選択モデルの開発者であり、ノーベル経済学賞の受賞者であるハリー・マーコヴィッツは、資産選択に関する彼の理論を、自分自身の資産には適用しなかったといわれる。このモデルを用いるためには、「共分散」の情報が必要だが、それは、普通は得られない情報だからだ。しかも、時々刻々変動する。

しかも、理論モデルにおいて対象になっているのは、金融資産だけではない。あらゆる資産だ。不動産、実物資産を含むあらゆるタイプの資産である。このような広範な対象について、モデルに登場する指標を実際に測定するのは、きわめて難しい。

データサイエンティストのコンペがある

インターネットにKaggleというサイトがある。これは、世界中の企業や研究者が予測モデリングや分析手法についての研究成果を投稿するプラットフォームだ。2010年にアメリカで設立された。60万人超のデータサイエンティストが成果を競っている。

たとえば、タイタニック号事故での生存確率を予測するコンペがある。投稿は採点され、ランクづけされる。高得点を獲得した参加者には賞金が支払われる。

Kaggleへの投稿で、分析例を見ることができる。AIによる分析が具体的にどのように進められるかが分かるので、大変興味深い。

同じデータセットを用いるにもかかわらず、データの処理や用いるモデルによって参加者の成績には大きな差が出る。もし機械学習がまったく自動的にできるのであれば、コンペなどありえないだろう。

Kaggleにはkernelsというセクションがあり、データサイエンティストが手法を公開している。これを見ていると、ＡＩの利用とは、「データさえ揃えば、あとはコンピュータが自動的にやってくれる」とはほど遠いことがよく分かる。「アート」あるいは「職人芸」といってもよい手作業的な工夫が重要なのだ。「ＡＩに聞けば何でも教えてくれる」ようなものではない。

データサイエンティストを雇ったり仕事を依頼したりする場合に、その実力をどう評価するかという問題がある。まったく新しい分野だけに、評価は容易でない。その際に目安になるのがKaggleだ。ここでの実績は、世界的な企業への就職の際に参照されている。

なお、日本でも、和歌山県が「和歌山県データ利活用コンペティション」を行っている。

レコメンデーション作成のためのネットフリックスが行う膨大な作業

第３章の３で、アメリカのオンライン映像配信会社であるネットフリックスが、コンテンツの中身のデータを分析して、一人ひとりの好みに合ったレコメンデーション（お薦め）を作成していると述べた。このために膨大な作業が行われている。

コンテンツの内容を反映したレコメンデーション・システムを作るには、まず、作品の「メタデータ」を集める必要がある。これは、作品に関連する情報のことである（「メタ」というのは「上位の」という意味。「データに関するデータ」であるので、このように呼んでいる)。たとえば、作成日時、作成者、データ形式、タイトルなどだ。これは、図書館情報学の分野では、従来から「書誌情報」と呼ばれてきたもので、著者名や表題、発表年月日などから成る。レコメンデーションのためには、これまであったメタデータに比べてはるかに詳細なものが必要になる。ネットフリックスは、提供している5万点にのぼる動画のすべてについて、詳細なメタデータを作成しているといわれる。

項目としては、まず監督・出演者・制作者・制作国・制作年・受賞歴などの形式的なデータがある。それに加え、ストーリー展開・主人公の職業・舞台となる場所などのデータがある。

これらのデータは、コンピュータが自動的に集めるわけにはいかない。一つひとつの動画を人間が見て判断し、入力しなければならない。だから、必要な作業量は膨大になる。

そこで、評価作業はアウトソースされるのだが、評価者によって結果にばらつきが生じないようマニュアルを作成し、スコアのつけ方を教育する。たとえば、ロマンチックな内容なら、「ロマンス度」を5段階で評価する。筋書きの分かりやすさに至るまで細かく点数をつける。このようにして、作品の種類を約8万通りに分類する。

もう一つの重要なデータは、各ユーザーの行動履歴だ。これには、視聴時間や視聴日時、場所、視聴に用いている装置、再生のパタン、検索履歴、ネットフリックスでのページの閲覧等々が含まれる。アンケートの回答のようなデータよりも、本人が自覚していない価値観が表れる行動データのほうが重要だといわれる。それらとメタデータを関連づけることにより、その人が見たいであろう作品を推測するのだ。

3 「過学習」(オーバーフィッティング)への対応

学習すべきでない情報を学習してしまう

機械学習には、「過学習」といわれる問題がある。

たとえば、猫の写真を識別することを考えよう。第2章の2で述べたように、従来の方法では、そのために人間が特徴を抽出していた。この作業を「特徴抽出」という。

しかし、ニューラルネットワークによるディープラーニングでは、AIが特徴を選ぶ。たとえば、耳がとがっている、ヒゲがあるなどの特徴を選んでいるのだろう。

それだけではない。多くの写真の猫が鈴を着けていれば、コンピュータは、それを猫の特徴と考えるかもしれない。すると、鈴を着けている犬の写真を、猫と判断する可能性がある。

この場合には、コンピュータが「学習すべきでない特徴」を学習してしまったのだ。これが過学習である。

第2章の2で述べたSVM（サポートベクターマシン）のアプローチでは、こうならないように、必要な部分だけを抜き出していた。しかし、ニューラルネットワークでは過学習がありうる。

あるいは、つぎのような例を考えてみよう。いま、3次の多項式にノイズ項（誤差項）を加えてデータを生成したとする。

これを3次の多項式で回帰しても、ノイズがあるので完全にフィットすることはできない。ところが、より高次の式を用いると、当てはまりがよくなる場合が多い。たとえば、9次の多項式を用いれば、与えられたすべてのデータにほぼ完璧にフィットすることさえある。

ところが、新しいデータを与えると、3次式のモデルではほぼフィットするのに対して、9次式のモデルではまったく当たらない、といったことが起きるのである。こうなるのは、9次式モデルは、学習データの3次式から生成される本当の情報だけでなく、ノイズ（誤差）にもフィットしてしまったからだ。つまり、過学習してしまったのである。

一般に、次数を上げるなどの方法によって説明変数を増やすと、与えられた学習データに特有のランダムな情報にまで適合してしまう。これは、本来は学習すべきでない情報だ。それを学習してしまうと、与えた学習データについての性能は向上するが、それ以外のデータでは逆に結果が悪くなるのだ。

モデルに取り入れる変数を多くするほうが、すでに持っているデータによくフィットするというのは当然ながら正しい。しかし、手元のデータによくフィットすることが、必ずしもよいわけではないのだ。

汎化性能

「与えられた学習データに対してだけでなく、それ以外のデータに対しても正しく予測できる能力」のことを、「汎化性能」（generalization）」と呼ぶ。

ＡＩは、汎化能力を持っていることが望ましい。つまり、学習データを生成している真のモデルに近づく必要がある。右にあげた例では、学習データを生成しているのは3次式のモデルだ。だから、9次式モデルではなく、3次式モデルのほうが汎化性能を持っているのである。

もちろん、モデルが単純であればよいというわけでもない。たとえば、右の例で、3次式から生成したデータを1次式（直線）に当てはめようとしても、データの基本的なパタンを捉えられないだろう。

あるいは、「ある傾向がずっと続くのではなく、どこかで一定値に収束していく」という現象がよくある。こうした場合にも、直線のモデルでは扱えない。

しかし、だからといって、複雑なモデルが良いとは限らない。一般に、機械学習は、与えられた学習データに関してだけ結果を保証する。モデルの汎化能力は、もともと保証されていない。過学習は、機械学習における深刻で、かつ複雑・深遠な問題なのである。

過学習を防ぐために、データサイエンスではさまざまな方法が提案されている。過学習への対処は、機械学習の中心的な課題だ。

交差検証

過学習に対処する第1の方法は、「交差検証」あるいは「クロス確認」と呼ばれるものだ。これは、要するに「三人寄れば文殊の知恵」ということである。具体的には、つぎのような手法が用いられる。

まず、学習データをランダムに2つに分け、一方で学習させ、もう一方でその精度を評価する。

あるいは、学習データから1つを除いて学習させ、残った1サンプルへのモデル予測値を比較することを、サンプルサイズの分だけ繰り返すという方法もある。

これらによって、モデルが学習データにどれだけよくフィットするかだけでなく、未知のデータにどのくらい適合するかという汎化能力の評価を行うのだ。

複数の学習機の結果を融合する手法を、一般に「アンサンブル学習」という。

本章の2で、機械学習の一つの手法として「決定木」というものがあると述べた。この手法を用いる場合にも、過学習が発生する場合がある。「ランダムフォレスト」というのは、これに対処するための手法である。

ランダムフォレストは、決定木を複数作り、それらの結果を総合的に判断する（多数決や平均をとる）手法だ。これによって、決定木の過学習を平準化することができ、精度の高い結果が得られるとされる。

決定木モデルの場合には、説明変数（分類の基準）は、分析者が選ぶ。それに対して、ランダムフォレストでは、コンピュータが説明変数のうちいくつかをランダムに選び、それらの中でもっともうまく分割できる変数を用いて分割する（「うまく」というのは、何らかの定量的基準で判断する）。「すべての説明変数を用いるのではない」というのがポイントだ。

さらに、用いるデータを木によって変える。元の学習データから、ある決定木を作成するための「サブ学習データ」を抽出する（同じデータを何回も抽出することもある。このような抽出手法を「ブートストラップサンプリング」という）。

以上2つの操作によって、複数作る木の多様性を確保するのである。なお、モデルのパラメータとしては、つぎのようなものが設定できる。生成する木の数、分岐に用いる説明変数の数、分割する際の最小データ数など。

正則化

過学習に対処する第2の方法は、「複雑さの排除」である。

1996年に、生物統計学者でスタンフォード大学教授のロバート・ティブシラニが、「Lasso」(Least absolute shrinkage and selection operator) というアルゴリズムを提唱した。これは、モデルに含まれる各項の重みを表す係数の絶対値の和を、ペナルティとして課す方法だ。このペナルティのことを、「正則化項」という。

最小化すべき目標は、従来の回帰分析のように誤差の二乗和だけでなく、それに正則化項を加えたものにするのである。

こうすると、できるだけ多くの重みをゼロにするようなモデルが選ばれることになる。たとえば、先にあげた例でいえば、9次の多項式モデルが選ばれるのではなく、3次の多項式モデルのように、もっと単純で頑強なモデルが選ばれることになるだろう。

複雑さの排除が望ましいことは、古くから、「オッカムの剃刀の原理」として知られていた。オッカムは、14世紀の哲学者・神学者だ。「剃刀」という言葉は、「不必要な部分を切り落とす」

という意味で使われている。「オッカムの剃刀の原理」とは、「ある現象に対する複数の説明があるとき、前提や仮定のもっとも少ない説明が正しい可能性が高い」という考えだ。

ただし、数学的なモデルに対してオッカムの剃刀をどう適用したらよいのかは、簡単な課題ではない。これに関して、1960年代に、ロシアの数学者アンドレイ・チホノフが一つの答えを提供した。それは、最適なモデルを求める際に、複雑さに対して「ペナルティ」を与えるというものだ。つまり、より複雑な解を不利にするのである。Lasso は、それを発展させたものだ。

複雑さを排除するための方法を、一般に「正則化」という。

Lasso にも、さまざまな方法が用いられる。たとえば、回帰分析において、回帰線から離れているデータは極端だと思われるので、ペナルティを与えて影響度を小さくするという方法がとられることもある。

これは、日常的な表現を用いれば、「極端な意見は割り引いて考える」ということだ。あるいは、「非常識な意見は、無視したり、話半分に聞いたりする」ことだ。

また、「ドロップアウト」と呼ばれる方法もある。これは、ニューラルネットを用いる機械学習において、各層のノード（各層を構成する単位）のうちいくつかを、ランダムに非活性化して学習する処理だ。

ドロップアウトは、毎回ランダムに非活性化ノードを決めることによって、疑似的にアンサンブル学習を行っているものと解釈できる。学習のたびにランダムに非活性化されるノードが選ばれるので、毎回違う重みづけがなされるからだ。

もちろん、ただ簡単であるのが良いわけではない。簡単すぎれば問題の本質を捉えられないからだ。問題の複雑さに応じて、適度に複雑なモデルを用いることが望まれている。この問題に対して、いつでも正しい万能の基準を示すことはむずかしいだろう。分析者の直観と正しい判断が求められる。

4　企業は、データサイエンスとどう向き合うべきか

データ駆動型経営

データサイエンスを活用する経営は、「データ駆動型経営」と呼ばれる。

これまでは、企業の経営者が経験などに基づいて事業戦略を決定していた。もちろんデータは使われてきたが、それは、実行されている戦略の有効性をテストするためのものであった。

これは、第4章の4で説明した「後ろ向き連鎖」の考えだ。この方法では、まったく新しい事態が生じた場合においても、従来の戦略が続けられる場合が多い。

それに対して、「前向き連鎖」の考えを採用するデータ駆動型の経営では、新しい事態が生じれば、それがデータに表れるので戦略が自動的に変更される。

データ経営ではデータサイエンティストが必要

ただし、いうまでもないが、データを収集しただけで事業戦略決定に使えるわけではない。それをデータサイエンスの手法で活用する必要がある。

企業がどれだけのデータサイエンティストを必要とするかは、事業の内容によって大きく異なる。

データサイエンスを必要とする組織は、一般的にいえば、大量のデータを扱っており、かつ、複雑な課題を解決する必要を抱えている企業だ。

つまり、膨大な量のデータを管理していて、むずかしい課題に日常的に直面している組織だ。典型的なのは、金融機関、官公庁、製薬などの業種だといわれる。

企業経営においては、現在行っている事業を見るだけでなく、今後の方向性も正しく捉える必要がある。たとえば自動車会社では、いままでは機械工学の技術者が中心だった。しかし、自動運転の時代になれば、データサイエンティストが不可欠になるだろう。そして、付加価値がもっとも高いのは、そのような部門ということになるだろう。

流通業など、多くの顧客を相手にする事業では、広告や店舗の配置計画の戦略などにビッグデータの活用が重要な意味を持つだろう。コンビニエンスストアで、そうした利用がすでに始まっている。

こうした場合、データサイエンティストを自社で雇うのか、あるいは外部の専門家に委託するのがよいのかはむずかしい問題である。

本章の2で述べたように、どんな場合にも適用できる一般的なデータサイエンスの手法というものはない。そして、現場をよく知る者が行わなければ、適切なデータ分析はできない。そのことを考えれば、自社で雇う必要があるだろう。

しかし、データサイエンスは急速に進歩しているので、次々に新しい知識が必要になる。また、つねに新しい人材と入れ替える必要があるかもしれない。それを考えれば、外部の専門家に委託するほうが効率的かもしれない。この選択はむずかしい課題だろう。

経営者がコンピュータの指示に従うか

組織がデータサイエンスを活用できるかどうかに関しては、組織の文化も影響を及ぼす。データサイエンティストが導き出した知見を積極的に業務に反映させるためには、組織側の態勢が整っていることが必要だ。

最大の問題は、データ駆動型アプローチによってある戦略を示された場合、経営者がそれを是とするかどうかだろう。

第4章の4で述べたように、「私はコンピュータには指示されない。自分の経営判断のほうが正しい」と主張することが十分にありうる。

これは、(通常はそのような表現は用いないが、あえていえば)、「仮説駆動型」の考えなのである。データ駆動型への転換は発想の基本的な転換を要するものであり、それほど容易なことではない。

経営者だけではない。エキスパートは、自分の仕事がデータサイエンティストに奪われてしまうことに対して強く反対するだろう。

日本では人材が極端に不足している

データサイエンスは新しく発展した分野であり、その内容は伝統的な統計学とはかなり違う。

アメリカの大学では、データサイエンティストを養成するための課程が設置されるようになった。

データサイエンス課程を設置している大学の例としては、オクラホマ州立大学、アラバマ大学、ケネソー州立大学（ジョージア州）、サザン・メソジスト大学（テキサス州）、ノースカロライナ州立大学、テキサスＡ＆Ｍ大学などがある。

日本ではもともとソフトウェア関係の科学技術が弱いが、データサイエンスのような新しい分野はとくに弱い。

そのことは、ウェブサイトを検索してみるとすぐにわかる。「data science」を検索語にして英語のサイトを検索すると、２１４０万件がヒットする。しかし、「データサイエンス」では１０４万件しかヒットしない。得られる情報の質も大きく違う。

こうしたことからも伺えるように、日本ではこの分野に人材が著しく不足している。ビッグデータの活用を進めるには、この問題の解決が重要な課題だ。

Data Capitalism

第6章

データ資本主義とプラットフォーム企業

1　プラットフォーム企業ＧＡＦＡ、ＢＡＴ

ＧＡＦＡとＢＡＴという企業群

「ＧＡＦＡ」という名称が最近よく聞かれる。これは、Google（グーグル）、Apple（アップル）、Facebook（フェイスブック）、Amazon（アマゾン）の４社の頭文字をとった名称だ（なお、時価総額のリストでは、グーグルは、その持ち株会社である「アルファベット」として示されている）。これらは、現代のアメリカ経済をリードしている企業である。

つい最近まで、アメリカの株式時価総額のトップ５は、これらにマイクロソフトを加えた５社で占められる場合が多かった（最近では、フェイスブックが第６位に落ち、その代わりにバークシャー・ハサウェイやアリババ・グループが入る場合もある）。

似たことが中国でも起こっており、アリババ（Alibaba）、テンセント（Tencent）、バイドゥ（Baidu）というＩＴ関連企業が著しい成長を見せている。これらは、それぞれの英語表記社名の頭文字をとってＢＡＴと呼ばれる。

これらの企業が行っている活動の価値の高さは、時価総額で、アルファベットがトヨタ自動車のほぼ4倍であることが端的に示している。

GAFAは新しいビジネスモデルを作った

GAFAの事業はいくつかの分野に及ぶが、いずれもインターネット関連だ。

GAFAが時価総額リストのトップを占めるようになったのは、ここ数年のことだ。そもそもGAFAは、1990年代には存在しなかったか、存在していても小さな企業だった。

GAFAは、IT革命によって誕生し、それを推進した企業だ。関連する分野における従来のビジネスモデルを大きく変えたという点で共通している。

アマゾンは当初は書籍のネット通販を行ったが、その後販売の対象を広げ、流通業を大きく変えた。「ロングテール」と呼ばれる商品（滅多には売れない商品）を適切に扱うことによって現実店舗を打ち負かした。

フェイスブックとグーグルは、検索エンジンやSNS（ソーシャル・ネットワーキング・サービス）のデータを用いて、「ターゲティング広告」という新しい広告のモデルを作り、広告の世界を大きく変えた。

なお、これらの企業は、インターネットを通じてさまざまのサービスの「場」を提供しているので、「プラットフォーム企業」と呼ばれる。

ＧＡＦＡの利益のすべてがビッグデータによるのではない

ＧＡＦＡを収益構造の面から見ると、ひとくくりには論じられない。これらの企業の収益構造（ビジネスモデル）はさまざまだ。

では、それらのビジネスモデルとビッグデータの関連はどうか？

フェイスブックとグーグルは、前述のように、明らかにビッグデータを用いた事業を展開している。

アマゾンもデータを活用している。第3章の3で述べたように、それは「協調フィルタリング」という手法を用いた「お薦め」だ（ただし、これは厳密な意味でのビッグデータの利用とはいいがたいという意見もある）。しかし、アマゾンが成長したのは、主として物流面での効率化による。それによって、品揃えが豊富で短時間で、かつ低コストで届けられる配送システムを構築したことの影響が大きい。

アップルが高収益を上げているのは、iPhoneという斬新な製品を開発したことによる。また、生産において国際的水平分業を実現したことによる。このように、アップルは新しいタイプの製造業である。なお、スマートフォンはビッグデータと密接に結びついている。しかし、アップルがビッグデータを用いて収益を上げている面はあまりない。

アマゾンやマイクロソフトの利益は、クラウドコンピューティング事業による面も大きい。

アマゾンではアマゾン ウェブ サービス（ＡＷＳ）の売上高が、マイクロソフトではクラウドサービス Azure の売上高が、それぞれ高い伸びを示している。世界のクラウド市場では、アマゾン、マイクロソフト、グーグルの3社で6割近いシェアを占めている。

こうして見ると、ＧＡＦＡ企業の収益源は、必ずしもビッグデータではないことが分かる。顕著に実現している企業は、グーグルとフェイスブックだけだといってもよいのではないだろうか？

中国の3大ＩＴ企業の一つであるアリババについても、その収益源は基本的にはオンラインショッピングであり、ビッグデータの利用とはいいがたい。その意味で、アマゾンと同じである。ビッグデータの利用にかかわっているのはアリペイや芝麻信用など、同社の金融関係の子会社だ。

ＧＡＦＡには含まれないが、ネットフリックスは、ビッグデータを利用した「お薦め」を提供することによって顧客を開拓している。なお、フェイスブック（Facebook）のＦ、アマゾン（Amazon）のＡ、ネットフリックス（Netflix）のＮ、グーグル（Google）のＧの頭文字を合わせて、ＦＡＮＧと呼ばれることもある。

2　プラットフォーム企業のビジネスモデル

従来からの情報産業

情報を扱う企業は、昔から存在した。

従来からある情報関連企業の第1のカテゴリーは、郵便、電信、電話会社などだ。これらの企業は情報を扱っているものの、情報から価値を引き出すことはしてこなかった。これらの企業は、企業や個人が情報を送る仕組みを提供している。

その意味では、電力会社やガス会社と同じことを行っている。電気やガスの代わりに、情報を扱っているだけだ。物流とも本質的な違いはない。だから、輸送産業や流通業の企業と同じである。運んでいるものが商品でなく情報であるだけの違いだ。これらの企業の主要な収入は、手数料である。

情報関連企業の第2のカテゴリーは、IBMなどの情報機器関連企業だ。これらの企業は、コンピュータなどのメンテナンスやリースを行ってはいるが、ビジネスの中心は、少なくともある時点までは、コンピュータというハードウェアの生産であった。つまり製造業である。それは、テレビや洗濯機を製造するのと本質的に違わない。

情報を扱う企業の第3のカテゴリーは、銀行、保険会社、証券会社などである。これらの企業が扱っているのは、基本的には帳簿上の情報だ。しかし、それらの情報を処理するだけで、そこから新しい経済価値を生み出すことは、(少なくともこれまでは)してこなかった。

情報関連企業の第4のカテゴリーは、情報そのものに経済的価値を見いだしてきた企業である。これらは、単に情報を運ぶだけでなく、情報を収集して加工し、情報そのものを売る。ここには、投資銀行や投資顧問業、さらに商社が含まれる。さらに、テレビ、新聞、出版などのメディア産業と教育産業がある。

プラットフォーム企業は、無料で集めたデータを価値ある資本に転換

プラットフォーム企業が行っている事業は、右に述べたどのカテゴリーのものとも違う。その意味で、新しい情報関連企業だ。

まず、単に情報を伝達しているのでなく、そこから経済的価値を引き出している。この意味で、第1、2、3のカテゴリーの企業と違う。

つぎの違いは、集めている情報が必ずしも機密情報ではないことだ。個々の情報を見れば、多くの場合に、それほど価値があるものではない。したがって、それを集めるのに対価を払っ

ていないことが多い。右に見た第4のカテゴリーの企業が扱ってきた情報は、機密情報や価値の高い情報、あるいは、普通の人が知らない情報である。GAFAやBATは、それらとは性質の違う情報を扱っている。

第1章で説明したように、これらは、「ビッグデータ」と呼ばれるものであり、大量に集めることによって経済的な価値が生じる。たとえば、「ある人があるキーワードを検索した」という情報自体は、ほとんど価値を持たない。しかし、検索履歴のデータが大量に集まれば、その人の志向や行動様式を予測できる。その情報には、経済的な価値がある。こうして、無から有を生み出すようなことになる。

ビッグデータの利用価値は、将来さらに高まるだろう。第2章で述べたように、自動車の自動運転、音声認識や図形認識などにおいて、AI（人工知能）の能力向上に用いられるだろう。

メディア産業では、複製コストの低下で有料配信がむずかしくなったため、収益率が低下している。しかし、新しい情報産業の利益率は、技術進歩によって今後も上昇する可能性が高い。

対価なしにビッグデータを集めた

対価なしに得たものを有料で売ることは、これまでも鉱業や一次産業で行われてきた。地下に眠っている石油や石炭、金鉱石などは無料だ。ただし、掘削のために、巨大な施設と労働力が必要だ。海にいる魚は無料だが、その捕獲には漁船などの資本設備と労働力が必要だ。

ところが、新しい情報関連企業が対価なしでビッグデータを得る方法は、これらとは違う。グーグルは、検索サービス、メール、マップ、カレンダーなどを無料で提供した。有用な道具が無料で利用できるので、人々は喜んで受け入れ、その利用を通じて情報を提供してきた。フェイスブックの場合には、利用者が積極的に個人情報を書き込んでくれる。

これまでの発想であれば、検索やメールやSNSなどのサービスを利用するために、手数料を徴収した。しかし、グーグルやフェイスブックは、それらを、データを無料で集めるための道具として利用したのだ。これは、トロイの木馬と同じようなものであった。人々は、それを有難い贈り物だと考えて、喜んで生活や仕事の中に引き入れてしまったので、もはやそれなしでは生活や仕事ができないようになってしまった。

プラットフォーム企業の利益率は高い

以上のように、プラットフォーム企業は、これまでの情報関連企業と異なるものだ。どのように異なるかを、計数で見よう。図表6－1には、GAFA企業とともに、いくつかの企業の財務計数を示してある。グループAはGAFAにマイクロソフトを加えた企業群であり、ITの最先端にあってアメリカ経済をリードしている。グループBのIBMとAT&Tは、情報分野で以前からある企業だ。グループCは、伝統的な企業である。

まず売上高利益率（profit margin）を見ると、グループCでは1桁（あるいは、マイナス）だが、グループA、Bでは、アマゾンを除いて2桁である。グループBでは10％程度だが、グループAでは、その2倍から3倍の水準になる。

このように、GAFA企業は、（アマゾンを除くと）きわめて利益率の高い事業を行っている。

なお、アマゾンの株価収益率（PER）は、他の企業に比べて著しく高い（利益に比べて高い株価になっている）。

3　データ資本主義が世界経済を変える

資本が価値あるものとして扱われていない

プラットフォーム企業が保有するデータは、きわめて価値の高い資本になる。ところが、企業会計上、これらは価値があるものとしては扱われていない。

データを保存するためにサーバーなどの物理的施設が必要だが、そうしたものは、本来資産

図表6-1　アメリカ企業などの財務計数

グループ	企業名	売上高 利益率(%)	総資産 利益率(%)	株価 収益率
A	Alphabet(Google)	19.71	8.98	28.43
	Facebook	33.17	14.35	26.87
	Apple	22.12	11.54	15.06
	Amazon	4.97	6.12	76.12
	Microsoft	28.58	10.06	28.05
B	IBM	10.98	6	13.92
	AT&T	10.59	3.94	12.16
C	GM	6.26	1.73	5.58
	GE	−14.55	1.48	N/A
	Walmart	1.62	6.23	35.92
	Toyota	6.23	3.02	7.25

注：2019年5月の計数
資料：Yahoo!Finance

とみなされるべきものの一部でしかない。だから、ROA(Return on Assets (ttm)：総資産利益率＝当期純利益÷総資産)は、非常に高い値になりうる。

図表6－1で実際の値を見ると、つぎのとおりだ。

グループB、Cでは1桁だが、グループAでは(アマゾンを除いて)これより高く、アマゾンとグーグル以外は2桁になっている。フェイスブックにいたっては、実に14・35%だ。

つまり、グループAやグループBの企業は情報を扱っているが、グループAでは総資産利益率が高く、それが売上高利益率の高さの原因になっていると考えられるのである。

これがビッグデータの価値であると解釈することができる。つまり、ROAが高い値となるのは、新しい資産である「データ」が資産としてカウントされていないことの反映と考えられる。

(なお、アマゾンのように物流のために巨大な施設を保有する企業や、ネットフリックスのように新事業開始から日の浅い企業もあるので、すべてのFANG企業のROAが高いわけではない)

グーグルやフェイスブックの時価総額は、ビッグデータの価値

では、プラットフォーム企業が保有するビッグデータの価値は、具体的にどの程度のものだろうか?

この正確な推計はきわめてむずかしいが、ここでは、つぎのような方法によって、おおよその見当をつけておこう。

通常の資産の価値をK、ビッグデータの価値をBとしよう。また、ROAを計算する際の利益をPとする。

KとBによって利益が生み出される。その比率は、通常の企業と同じく3％であると仮定する。したがって、

$$P/(K+B)=3/100$$

ところが、伝統的な財務計算でＲＯＡが計算される場合には、PとKの比率が用いられる。アルファベットの場合、こうして計算したＲＯＡは、図表6－1に示されているように、約9％だ。したがって、

$$P/K=9/100$$

右の2つの式から、まず、

$$B=2K$$

という関係が導かれる。つまり、アルファベットの場合、ビッグデータの価値は、通常の資産

の2倍になっている。
2つの式から、もう一つ、

$$B = 200P/9$$

という関係も導ける。

総資産利益率の計算で用いられるPは、税引き後の利益だ。アルファベットの場合、２０１８年12月31日に終了する会計年度での税引き後利益は、３０７億ドルである。したがって、ビッグデータの価値Bは、右の式から、６８２２億ドルということになる。

ところで、２０１９年６月におけるアルファベットの時価総額は、約６８００億ドルだ。したがって、ビッグデータの価値は時価総額を若干超えていることになる。

フェイスブックについて、同じ計算を行ってみよう。

フェイスブックの場合には、ＲＯＡは約14％なので、

$$P/K = 14/100$$

これから、つぎの2つの関係が導かれる。

$$B = 11K/3,\ B = 26P$$

フェイスブックの場合、2018年12月31日に終了する会計年度での税引き後利益は211億ドルである。したがって、ビッグデータの価値Bは、右の式から、5486億ドルということになる。

ところで、2019年6月におけるフェイスブックの時価総額は、約4000億ドルだ。したがって、フェイスブックの場合、ここで計算したビッグデータの価値は、時価総額を37%ほど超えている。

ここでの計算は、いくつかの仮定に依存したものである（とりわけ、「KとBによって利益が生み出される際の率は3%」という仮定はかなり恣意的だ）。また、さまざまな誤差を含むから、この結果の評価には慎重であるべきだ。

ただし、グーグルやフェイスブックの時価総額のほとんどが、同社が保有する建物や設備などの物理的資産の価値ではなく、ビッグデータの価値であることは間違いないだろう。

資金力でも権力でもなく、データが資本になる

「資本、労働、土地などの生産要素で価値を生み出す」という枠組みで捉えれば、データが資本の一部になっているわけだ。

資金力でも権力でもなく、データが経済を動かす時代になったのだ。

世界経済フォーラムがまとめたレポート「パーソナルデータ：新たな資産カテゴリーの出現」（２０１１年１月）は、「パーソナルデータは新しいオイル、つまり21世紀の価値ある石油」と指摘し、ビッグデータの発展とともにパーソナルデータを活用した利便性の高い新たなサービスが誕生する可能性が高くなると予見している。

これまでの経済活動の基本的要素は、生産設備、独占力、技術力だった。いずれも資本力を必要とする。しかし、いまやデータがその役割をしている。

これは、「データキャピタリズム（データ資本主義）」といえる新しい経済活動を開きつつある。

なお、ここで用いられているデータは、一度使えば消滅してしまうものではなく、何度でも繰り返し使うことができる。だから、フローである原材料ではなく、ストックである資産として捉えるべきものだろう。だから、「石油」という喩えは正確ではない。喩えるなら、「金《きん》」というべきだ。

だから、現在生じつつあることは「21世紀のゴールドラッシュ」といってもよいだろう。こうして新しいフロンティアが開ける。

資本主義経済は長期停滞に陥ったと、しばしばいわれる。その証拠としてあげられるのが、資本収益率の長期低下傾向だ。しかし、それは、GMやAT&Tのような伝統的な企業のことだ。これまで見たように、新しい分野の収益率は非常に高い。長期停滞論は、経済の伝統的な分野しか見ていない議論である。

日本はデータ資本主義に立ち後れている

日本は技術立国といわれてきた。しかし、技術開発の方向づけが問題だ。日本が得意なのは古いタイプの技術である。

日本は、精密な部品を作ってモーターを組み立てるというような純粋なモノづくりをリードしてきた。

たとえば、ソニーはカセットテープでクオリティの高い音を出すウォークマンを開発して大ヒットさせた。続いてCDで成功を収め、その後、DVDやブルーレイでも成功した。しかし、iPodがインターネットとつながり、それがクラウドに進み、急速に普及した現状には追いついていない。

日本の製造業は、モノづくりに集中している。たとえば自律運転の自動車（自ら判断して運転する自動車）に関しても、本来はソフトウェアが重要であるにもかかわらず、ハードウェアの側面に関心を持つ。ＩｏＴや仮想通貨についても、センサーの製造という問題に関心を持つ。

新しいタイプの技術に関しては、日本の対応の遅れが目立つ。材料や装置関連など古いタイプの技術ではいまだに強いが、新しい分野になると、国際比較での日本の順位はかなり下になる。

この背後には、さまざまな規制や企業の構造、そして高等教育の問題がある。日本が新しい成長を実現するには、これらに関する基本的な見直しが必要だ。

企業の面から見ると、企業が閉鎖的でオープンイノベーションに対応できないこと、などがあげられる。新しい技術を導入できるかどうかは、企業の動向に大きく影響される。

これは、高等教育における人材の育成体制の問題も関わっている。新しい技術の動向は、従来の硬直化した大学の学問体系では対処できないにもかかわらず、日本の大学の工学部はハードウェアに偏っているのだ。そして、それをなかなか変革できない。

日本企業の時価総額順位は低下した

日本経済のこのような状況は、企業の時価総額にはっきりと表れている。

日本で時価総額が最大の企業はトヨタ自動車だが、その時価総額はマイクロソフトやアップルの4分の1弱でしかない。自動車という重要な工業製品を製造する企業が、「たかが」交流サイトに過ぎないフェイスブックの半分にもならないというのは、伝統的な価値観からすれば、ショッキングなことだ。

日本企業の時価総額リストを見ると、以下、つぎのような企業が続く。ソフトバンクグループ（11・2兆円）、NTTドコモ（9・6兆円）、NTT（9・2兆円）、三菱UFJフィナンシャル・グループ（7・8兆円）。

アップルと同じ電機製品のメーカーを見ると、ソニー（6・2兆円）、日立製作所（3・2兆円）、三菱電機（2・9兆万円）、パナソニック（2・4兆円）、東芝（2・0兆円）などだ。

このように、日本とアメリカの企業時価総額には大きな差がついてしまった。1980年代には、世界企業の時価総額ランキングで、日本のNTTや金融機関がトップを独占していた。アメリカ企業は、IBMやエクソンなどが顔を出すだけだった。1992年でも、時価総額世界トップ50に日本の企業が10社ランクインしていた。しかし、いま世界50位までに入っている日本企業は、トヨタ自動車1社だけだ。

どうして、こうしたことになってしまったのか？

為替レートの影響はあるだろうか？　ドル円レートは、1992年1月が1ドル＝約125

円、2019年1月が約109円と、むしろ円高になっている。物価の影響を考慮に入れた実質為替レート指数で見ると、92年1月が111で18年12月が76と、かなりの円安が進んでいる。しかし、右で見たような変化はとても説明しきれない。

日本の銀行の時価総額が大きく減少したのは不良債権処理の影響であるが、メーカーには直接の影響はない。

右で見た変化を説明するカギは、アメリカでも伝統的な企業の時価総額はさほど大きくないことにある。たとえば、GMは546億ドル、フォードは334億ドルでしかない。GEも853億ドルだ。これらは、日本の大企業とあまり大きな差がない。コンピュータ分野でも、IBMは1215億ドルで、GAFA企業群とは大分差がついている。

アメリカでは、1990年代以前からあった伝統的な企業が成長して時価総額を増大させたというよりは、90年代の初めには存在しなかったか、さほど存在感が大きくはなかった企業が、その後目覚ましく成長したのだ。こうした企業が、日本には(ソフトバンクなどの例外を除けば)存在しないことが問題なのである。

以上で見たのは上場企業だが、非上場企業でも、企業価値が著しく大きい企業が登場している。配車サービスのウーバー・テクノロジーズの企業価値は、1200億ドル(13兆4000億円)に達する可能性があると報道された。これは、GMやフォードよりずっと大きく、日本企業でこれを超えているのはトヨタしかない。このように大きな構造変化が起きているのだ。

中国非国有企業の時価総額が急成長している

日本企業の時価総額が立ち後れる半面で、中国の非国有企業の時価総額が大きくなっている。世界ランキングの第7位にアリババ・グループ・ホールディング（4333億ドル）、第8位にテンセント・ホールディングス（4180億ドル）が入っている。2016年には、アジアで首位だったのは韓国のサムスン電子だったが、両社は、いまやそれを大きく引き離している。

しばらく前まで、中国で時価総額が大きかったのは、金融、エネルギー、通信部門などの国有企業だった。現在でも中国工商銀行（3047億ドル）、中国建設銀行（2630億ドル）、ペトロチャイナ（1903億ドル）、中国農業銀行（1821億ドル）などがある。中国の人口が多いことを考えれば、これらの企業の時価総額が大きいのは当然のことで、とくに驚くにはあたらない。

しかし、これらの企業の相対的な順位は下がった。その一方で、アリババ、テンセントなどのＩＴ企業が台頭してきたのだ。

金融機関でも大きな変化が起きている。平安保険（1865億ドル）などが勃興しているのだ。同社の時価総額は、中国の非国有企業ではアリババ、テンセントに次ぐ3位だ。そして、国有銀行と肩を並べるまでになっている。すでに三菱ＵＦＪフィナンシャル・グループより大きくなっている。

平安保険は、１９８８年に深圳市で社員わずか13名の小さな保険会社として設立された。フィンテックをリードしており、ビッグデータの活用に熱心だ。第３章の４で述べたように同社は、「グッドドクターアプリ」というものを提供している。

中国以外のアジア諸国を見ると、香港のチャイナ・モバイル（２１４８億ドル）、台湾の台湾・セミコンダクター・マニュファクチャリング（１９５１億ドル）などが、すでにトヨタ自動車の時価総額と同規模になっている。

中国は安い労働力で安価な工業製品を作る国だと考えられていた。たしかに、10年前にはそうだった。それが大きく変わりつつあるのだ。

4　仮想通貨リブラが示すプラットフォーム企業の影響力の大きさ

大議論を引き起こしたリブラ

フェイスブックが2019年6月に発表した仮想通貨「リブラ（Libra）」をめぐって、世界的に大議論が起きている。

アメリカ下院金融サービス委員会のマキシン・ウォーターズ委員長は、リブラの開発計画を停止することを求める声明文を公表した。イングランド銀行のマーク・カーニー総裁は、「金融システム上の重要性を持ちうる」と述べ、「高い基準の規制が必要」とした。

20ヵ国・地域（G20）財務相・中央銀行総裁会議でも問題提起された。アメリカ上院銀行委員会は、7月、リブラに関する公聴会を開いた。

国際決済銀行（BIS）は、6月23日に年次経済報告書で金融におけるIT大手に関する章を公表した。年次報告書自体は6月30日に公表されたが、それに先立ってこの章が発表されたのは、IT企業による金融分野への進出の動きが急展開しているからだろう。アリババ、アマゾン、フェイスブック、グーグル、テンセントなどの大手プラットフォーム企業の事業が過去

20年間に急拡大し、ビッグデータの利用が経済を変えたと指摘。また、リブラが、規制当局や中央銀行の注目を集めていると指摘し、協調して規制上の対応を取る必要があるとした。

国際通貨基金（ＩＭＦ）は、７月、「The Rise of Digital Money（デジタルマネーの台頭）」と題したレポートを公表した。低コストで国際送金できることなどから、一気に普及する可能性があるとした。他方で、個人のプライバシーや金融の安定性にマイナスに働く恐れがあるとし、国際的な規制が必要だと指摘した。

７月17日に開かれた主要７ヵ国（Ｇ７）財務相・中央銀行総裁会議は、リブラに対して早急な規制の対応をとる必要があるとの認識で一致した。作業部会を設置し、10月に最終報告書をまとめる。

巨大通貨圏の形成と、弱小国から資本流出の危険

フェイスブックの利用者は全世界で27億人といわれているので、これらの人がすべてリブラを使えば、現存するあらゆる通貨圏より大きなものが実現する可能性がある。日銀券の規模に比べても20倍程度の大きさの通貨圏が形成される可能性があるわけだ。

巨大プラットフォーム企業が乗り出せば、世界にきわめて大きな変化が生じることの好例だ。多くの人々は、こうした規模の大きさに注目している。だから、既存の金融機関や中央銀行

の金融政策への影響など、さまざまな問題を引き起こすと考えられているのだ。

リブラは、ドルなどに対して価値を安定化させるとしている。それが実現すれば、弱小通貨からの資本流出が発生する可能性があるので、大きな脅威になるだろう。中国人民元への影響も考えられる。

日本人にとっても、日銀券よりリブラのほうが、便利であるばかりでなく、長期的円安傾向から免れる価値が安定した支払い手段になる。

日本円は弱小通貨ではないけれども、金融緩和政策を続ければ、止めどもなく減価していく。実質実効為替レートで見た日本人の国際的な購買力は、１９９０年代中頃に比べると、すでに半分以下だ。

こうしたことを考えれば、日本銀行は金融緩和政策をいつまでも続けることはできなくなるだろう。


リブラが重要なのはブロックチェーンを用いるから

しかし、つぎの点に注意する必要がある。

第一に、電子マネーであれば利用者が10億人程度の規模のものは、すでに存在する。中国のアリペイもウィーチャットペイも、利用者数は10億人程度といわれている。プラットフォーム企業が電子マネーを運営すれば、この程度の規模のものは実現できるわけだ。

だが、電子マネーは銀行システムの上に築かれているので、独自の経済圏を作ることはできない。これは、簡単に言えば、銀行預金からの引き落としを簡単にする仕組みに過ぎない（スイカの場合には、スイカのカードに入金した金額の引き落とし）。

電子マネーを受け取った人が、それを他の支払いに使うことはできない。だから、既存の金融システムの枠中にあり、それから離れた独自の経済圏を作ることはできない。

重要なのは、リブラは電子マネーではなく、仮想通貨であることだ。既存の金融システムに依存することなく通貨を作り出し、これをブロックチェーンと呼ばれる仕組み（リブラの場合には、リブラブロックチェーン）で運営する。

このために、既存の金融システムとは独立の通貨圏を形成できる。だからこそ、既存の金融機関や中央銀行の金融政策への影響など、さまざまな問題を引き起こしうるのである。

電子マネーと違って、誰でも簡単に受け取り者になれるし、受け取ったリブラを他の支払いにあてることもできる。これによって、ネット上のマイクロペイメント（少額資金の支払い）が簡単に行えるようになる。これは、動画やその他のウエブコンテンツの有料化に使えるだろう。それを通じて、フリーランサーが活躍できる環境が整備される可能性がある。

価格を安定化させる

ビットコインはこうした役割を担うと期待されていたのだが、投機によって価格が高騰したため、決済・送金用に使うのは難しくなってしまった。

ところが、リブラは、ドルなどに対して価格を安定化させるとしている。価格が安定した仮想通貨は、「ステイブルコイン」といわれる。これまでさまざまな試みがなされてきたが、満足できるものは存在しない。リブラは、それに挑戦するとしているのだ。リブラの価格安定化が実現すれば、投機の対象となって手数料が高騰するようなことはないだろう。また、受け取り側としても、価値の下落を恐れる必要がなくなるので、安心して受け取れる。

リブラは、ビットコインが行おうとして実現できなかったことを実現できる可能性を秘めている。そして、金融システムに革命的な変化をもたらす可能性がある。

なお、三菱ＵＦＪフィナンシャル・グループ（ＭＵＦＧ）のＭＵＦＧコインなど、日本のメガバンクが発行を計画している仮想通貨も、リブラと同じような役割を担おうとしている。これは日本国内の利用者を主として想定するものだが、どちらが主要な存在になるのかが注目される。

克服すべき問題

ただし、克服すべき問題点もある。

第1に、処理スピードの問題がある。ブロックチェーンでは取引が確定されるまでに時間がかかる。ビットコインの場合、1つのブロックは10分間の取引をまとめているので、ブロックチェーンにおける取引は、10分間は確定できない(多くの人々が確定したと思っているのは、取引所との間の取引だ)。取引が確実になるには、さらに数ブロックの経過が必要といわれている。

リブラブロックチェーンでは、これを短縮化するだろうが、実際の取引に必要な程度に短縮化できるのかどうか、分からない。

第2の問題はスケーラビリティーだ。ビットコインの場合にはブロックのサイズが小さかったことが問題にされた。segwitという新しい仕組みが導入されたが、まだ完全に解決されたとはいえない。

リブラの処理速度は、1秒間に1000件程度といわれている。これは、ビットコインの場合の1秒間7件と比べれば大きな進歩だが、そうであっても、数十億人の取引を処理できるかどうか分からない。

リブラの規模がどの程度のものになるかは、リブラブロックチェーンがどの程度の性能になるかによる。

フェイスブックの利用者が27億人も全世界にいることから巨大な通貨圏が形成されるという予測があるが、スケーラビリティー問題を解決しない限り、実際にそのようなことを実現できるかどうかわからない。

第3の問題は価格の安定化だ。これは、簡単なことではない。電子マネーの場合はもともと現実通貨建てだが、仮想通貨の場合には発行量を調整する必要がある。これが果たしてできるかどうかが大きな問題だ。

なお、以上の問題は、フェイスブックの仮想通貨に限ったものではなく、メガバンクが計画している仮想通貨についても言えることだ。

人々は、有名企業が参加する「リブラ協会」にも注目している。しかし、協会はリブラの仕組みを決定はするが、リブラの信頼性は、これらの企業への信頼によるのではない。これについても重要なのは、リブラブロックチェーンの信頼性である。

国家管理への重大な挑戦

以上はどちらかと言えば技術的問題だが、もっと本質的な問題もある。それは規制ができないことだ。

電子マネーは管理主体があるから、規制の対象となりうる。

ところが、ビットコインは、規制できない。ビットコインのブロックチェーンを運営しているのは、世界中に分散した「ノード」といわれるコンピュータであり、それらを規制することはできない。人々が規制したと思っているのは、取引所であり、これはブロックチェーンのシステムの外にある組織だ。

本人確認というが、それは、取引所で取引する場合のことだ。取引所を介さなくてもビットコインの取引はできる。その場合、自分で秘密鍵を生成して取引することもできる。そうした取引は、(インターネットそのものを禁止するのでない限り) 規制できない。それがビットコインの本来の姿だ。これは、「国が規制する」という仕組みへの基本的な挑戦なのである。

リブラの場合、最初は参加に許可が必要なブロックチェーンで発足するが、5年以内に誰もが許可なしにノードになれるシステムに移行するとしている。そうなれば、ビットコインと同じく、規制はできなくなるだろう。

取引の匿名性が確保される

リブラのホワイトペーパーは、「リブラブロックチェーンには匿名性があり、ユーザーは実世界の本人とリンクされていない一つ以上のアドレスを保有することができます」としている。

これは、秘密鍵の発行にあたって、本人確認をしないということであろう。そうであるとすれば、リブラを用いた取引は、誰にも把握できないことになる。

もともと仮想通貨は暗号によって保護されているので、一般の人には取引者が誰であるかを知ることができないが、リブラの場合には、フェイスブックによってさえも把握できないことになる。

したがって、一般に懸念されている「取引データの利用」という問題は生じないだろう。フェイスブックからの情報流出が問題になったことから、リブラについてもそうした問題が生じるのでないかとの懸念が表明されているが、そうしたことは起こらないはずだ。

他方で、マネーロンダリングや節税、脱税、不正取引に用いられる可能性がある。それをチェックしたり、規制したりすることは不可能だろう。

すでに述べたように、リブラを規制しようとする考えが表明されている。しかし、そうしたことはできないのだ。リブラ規制論は、本質を見ていない議論だ。

取引所を規制することはできるだろうが、リブラの取引そのものを規制することはできない。マネーロンダリング、資金供与対策、脱税、不正取引といった問題には、基本的に対応できないのだ。その意味で、これは国家の支配が及ばない経済活動が可能になることを意味するわけで、国家体制に対する重大な挑戦になりうる。リブラは、理念的にそうした方向のものなのだ。

マネーロンダリングの危険性は、銀行預金や中央銀行券についてもある。マネーロンダリングを理由にリブラを禁止するのであれば、銀行預金や中央銀行券も禁止しなければ、整合性がとれない。

議会や中央銀行がリブラの取り潰しに躍起になるのは、リブラが、潜在的には国家による管理体制に対する本格的な挑戦であるからだ。

この問題についてどう考えるべきか？　われわれは、基本的な考えの転換を迫られている。

5　データを制する者が世界を制するのか

データを制する者がＡＩを制するのか

「データを制する者が世界を制する」といわれる。本当にそうなるだろうか？

まず、「データを制する者がＡＩ（人工知能）を制する」ことになるのかどうかを考えよう。

これまで述べてきたように、ＡＩの能力を高めるには機械学習が必要であり、そのためにビッグデータが用いられる。機械学習で必ずビッグデータが使われるわけではないが、最近のＡＩで用いられるニューラルネットワークによるディープラーニングと呼ばれる方式では、ビッグデータが重要な役割を果たす。とくに、パタン認識の成功は、この方式の採用によるところが大きい。

「正しいモデルを持っているか、正しい理論を持っているか」ではなく、「大量のデータを使えるかどうか」が重要になったのだ。これが「データ駆動型への移行」と呼ばれる変化だ。パタン認識以外の場合にも、こうしたことが生じている。

ビッグデータは、従来のタイプの情報とは異なり、個別の情報をとった場合にはそれほど価値があるものではない。だから、サービス提供の見返りに自動的に得られるものでないと、採算に合わないことが多い。

データを収集できるサービスとは、ＳＮＳ、メール、ｅコマースなどだ。こうしたサービスを多数の人に提供できる企業は限られている。それがＧＡＦＡやＢＡＴなのだ。これらの企業がビッグデータを支配し、そしてＡＩを支配するということになってしまう。こうして、ＧＡＦＡやＢＡＴの一人勝ち現象が生じたのだ（ただし、いくつかの例外はある。ＩＢＭは、ＧＡＦＡのようなサービスを提供はしていないが、ＡＩの開発を行っている）。

ＡＩを制する者が世界を制するのか

つぎに、「ＡＩを制する者が世界を制するのか？」を考えよう。

あらゆる経済活動でＡＩが必要とされるわけではない。しかし、ＡＩによって能率が高まる分野はきわめて多く、ＡＩを利用する企業は、そうでない企業を駆逐するだろう。たとえば、ＡＩのパタン認識を用いた作業の自動化や自動車の自動運転が導入されれば、コストが低下するし、労働問題も発生しない。

ビジネスにおけるＡＩのもう一つの利用は、第3章で述べたプロファイリングだ。これは相手のプロフィールを正確に推定することである。これまでの経済活動においては、取引相手の正確な情報を持っていないことが多かった。もし相手がどういう人かが正確に分かれば、対応策がはっきり分かる。これまでは手探りで進んでいたものがはっきり見えるのだから、明らかに有利だ。平均的なものを対象にやっていたのが、個別的に対応できるようになってきた。

以上を考えれば、ＡＩを利用する企業は、そうでない企業を駆逐するといえるだろう。

ＡＩの開発主体とＡＩの利用主体は、必ずしも一致しない

こうしてみると、三段論法によって、「データを制する者が世界を制する」ということになりそうな気がする。

しかし、そうとは限らない。なぜなら、「データを制する者がＡＩを制する」で言っているのはＡＩの開発であるのに対して、「ＡＩを制する者が世界を制する」で言っているのはＡＩの利用であるからだ。ところが、ＡＩの開発主体とＡＩの利用主体は、必ずしも一致しない。

これまでは一致している場合が多かった。たとえば、グーグルは検索サービスで得たデータで検索連動広告を行った。アマゾンはｅコマースで得たデータでレコメンデーションを行ってきた。しかし、こうしたことが将来も続くわけではない。

たとえば、自動車の自動運転技術をグーグル傘下のウェイモ（Waymo）が先導している。しかし、ウェイモが自動運転車を生産したり、タクシー会社やバス会社、運輸会社などを経営するわけではないだろう。

自動運転技術の開発企業は、他の企業に技術のライセンシングを行うだろうが、その価格がどうなるかは、市場の競争状況や、自動運転に対する法規制などの条件に依存する。

市場の競争状況とは、自動運転車の技術を提供できる主体がほかにどの程度あるかだ。

また、法規制とは、事故が起きた場合のコストの負担者がＡＩ開発者なのか、ハードウェアの生産者なのか、輸送サービスの提供者なのかだ。これがどうなるかによって、開発者の利益は異なるだろう。だから、ウェイモが自動運転技術から生じる利益を独占するわけではない。

他のＡＩ関連技術の場合もそうだ。たとえば、音声認識技術をグーグルが開発して、それがコールセンター業務を自動化するのに使われたとしても、コールセンター業務を行うのはグーグルではない。

このように、開発者がすべての利益を得るわけではない。データを制するものがＡＩの開発において有利な立場に立つことは事実だ。しかし、やり方によっては、利益は広く社会全体に及ぶだろう。

このことは、これまでも生じたことだ。たとえばインターネット、ＰＣなどの新しい技術の利益は、それらの技術の開発主体が独占したわけではない。

ビッグデータの利用に規制や制限が加わりうる

もう一つ重要なのは、今後は、ビッグデータの利用に規制や制限が加わりうることだ。

ビッグデータは、もともとは個人データである場合が多い。これまで、個人はそれがビッグデータの一部として利用されることを意識せずにデータを提供してきた。意識した場合には、いままでのようなデータ提供はしなくなる可能性がある。事実、フェイスブックはいまその問題に直面している。

フェイスブックのデータが不正な方法で取り出され、米大統領選挙に使われたのではないかということが、２０１８年の3月に問題となった。これまでは、人々のビッグデータが利用されることに対する意識があまり強くなかった。しかし、フェイスブックの問題をきっかけとして、個人データの利用に対する社会的な制約が強まる可能性がある。

また、ＥＵ一般データ保護規則（ＧＤＰＲ）では、「プロファイリングされない権利」が主張できることとされている。こうした規制が広がれば、ＧＡＦＡはこれまでのようにビッグデータを使えるかどうか分からない。

これらを考慮すると、「仮にデータを制する者がＡＩを制するとしても、それが誰なのかは分からない」ということになる。

6　ＧＤＰは無料サービスでどれだけ増えたか

無料サービスはＧＤＰにカウントされているか

ビッグデータは、多くの場合にプラットフォーム企業のサービスの提供と見返りで、無料で収集される。これらのサービスが高い経済価値を持つことは間違いない。そして、このようなサービスの役割がますます増大して、経済活動を大きく変えつつあることも間違いない。

ところで、「こうしたサービスは無料であるために、ＧＤＰの計算で評価されていない」という指摘がある。ＧＤＰ統計は、新しい経済の姿を適切に捉えていないというのだ。こうした考えは正しいだろうか？　以下では、この問題について検討しよう。

プラットフォーム企業の付加価値はかなり大きい

プラットフォーム企業は、一方において、検索やＳＮＳ、メールなどのサービスをインターネットを通じて提供しているが、他方でそれらを利用した広告を行い、広告料収入を得ている。ＧＤＰ計算では、後者の活動がカウントされている。

つまり、プラットフォーム企業が存在する国のＧＤＰがプラットフォーム企業の成長によって拡大したことは、すでにＧＤＰ統計に表れているわけだ。

では、プラットフォーム企業の付加価値は、どのくらいの規模のものだろうか？　これを正確な計算することはむずかしいが、おおよその見当をつけてみよう。

まず、グーグル（アルファベット）を見よう。２０１８年度の売上高は１３６８億ドルだ。これは、18年度のアメリカのＧＤＰ20兆４１２９億ドルの０・67％に当たる。他方、税引き前所得は３４９億ドルで、ＧＤＰの０・17％だ。

付加価値は、（減価償却費を無視すれば）税引き前所得＋人件費だから、グーグルの付加価値は、ＧＤＰの０・17％〜０・67％ということになる。

人件費の額は分からないのだが、従業員数は９・９万人なので、一人あたり10万ドルとすれば１００億ドルだ。これを税引き前所得に加えれば４４９億ドルとなって、ＧＤＰの０・39％になる。

なお、アメリカの総就業者数は、１億６２８２万人だ。グーグルの従業員は、この０・06％に過ぎない。アメリカ全体の０・06％の人員で０・39％の付加価値を生み出しているのだから、グーグルの従業員の一人あたり付加価値は、全米平均の６倍以上ということになる。

フェイスブックの売上高はＧＤＰ比で０・27％、税引き前所得は０・12％だ。グーグルとフェイスブックの合計で、売上高でＧＤＰの０・94％、税引き前所得で０・29％になる。だから、付加価値の比率は、０・29％〜０・94％だ。この２社だけでアメリカのＧＤＰの１％近くを生産している可能性があるのだから、かなりの比重だと考えることができるだろう。

いうまでもなく、グーグル、フェイスブック以外にさまざまな無料のアプリや動画サービスが提供されている。これらの付加価値は、アメリカのＧＤＰをかなり引き上げているといえるだろう。

国際収支にもかなりの影響

プラットフォーム企業による無料サービス提供は、主としてアメリカや中国の企業によって行われている。このため、それらの国の生産活動が増える。

では、グーグルの広告システムを用いて、日本の利用者向けの広告を日本企業が行う場合にはどうなるか？　広告を出した日本の企業は、その料金をグーグルに送金する。これは、日本企業が外国の船や飛行機を使った場合に運賃を支払うのと同じことであり、広告サービスがアメリカから輸出され、日本がそれを輸入したことになる。これは、日本のサービス収支の赤字を拡大させる。

ＧＤＰ統計では、日本の輸入が増えて、消費が（すでに述べたような理由で）増える。輸入増と消費増は同額なので、日本のＧＤＰは不変にとどまる。プラットフォーム企業の活動は、国際収支統計においても、このような形ですでに捕捉されているのである。

この影響が定量的にどの程度のものかを評価するのは、むずかしい。ただし、右に見たように、プラットフォーム企業の活動がＧＤＰに数％のオーダーの影響を与えている可能性があることを考えれば、国際収支においてもかなりの影響を与えていることが考えられる。アメリカのサービス収支の黒字は、増加傾向にある。この一つの原因は、アメリカにおけるプラットフォーム企業の成長だと考えることができるだろう。

第6章補論

無料サービスのGDP計算での扱い

GDP計算における無料サービスの扱い

市場で明示的な対価の支払いなしに行われている経済活動は、昔からある。これらがGDPの計算においてどのように扱われているかを、説明しよう。

最初に、農家の自家消費や、持ち家の帰属家賃がある。これは、市場価格で売買が行われたとみなしてGDPに計上されている。

つぎに、消防や警察などの公共サービスがある。これらについても、GDP統計は、あたかも市場でサービスの売買が行われたかのようにみなして計上している。

サービスの価値は、そのサービスを生産するために必要とされた公務員の給与によって評価される。これが、GDP統計の支出側では政府消費支出として計上され、生産側では公務員の給与が計上される（なお、これらのサービスの供給は、労働だけでなく、資本設備なども用いている。原材料費もある。そうだとすれば、そのサービスの価値はもっと高いと考えることができる)。

情報提供サービス(出版、映画、ラジオ放送やテレビ放送など)はどうか?

昔からの情報供給者である出版社や映画会社は、有料で情報を提供している。すなわち、読者や観客に書籍や映画という形で情報を売り、購入料や入場料という形で収入を得て、ビジネスを成立させている。GDP統計の生産面では、出版社や映画会社は情報の生産者として捉えられる。そして、その付加価値がGDP計算の生産側でカウントされる。GDP統計の支出側では、購入費や入場料が消費としてカウントされる。NHKのような有料のテレビ放送も同じだ。

ところが、20世紀になって、ラジオやテレビなどで無料の放送が行われるようになった。これらが民間企業のビジネスとして成り立つのは、放送の中に広告を入れて、広告料収入を広告の出し手である企業から得ているからだ。つまり収入を、情報の受け手から得るのではなく、企業から得ている。

これらの企業は、GDP統計の生産面では、広告サービスの生産者として捉えられる。したがって、その付加価値がGDP計算の生産側でカウントされる。

では、こうした経済活動は、GDPの支出面ではどこに表れるのか。これが理解しにくいところだ。これについて、以下に説明する。

無料の放送サービスなどは、GDPの支出側で消費としてカウントされるわけではない。この点で、消防や警察などの公共サービスとは異なる扱いがされている。

ところが、無料放送の価値を生産側では計上するのに、支出側では計上しないとなれば、3面等価の原則（「GDPは、支出、生産、所得のどれで見ても等しい」という原則）が侵されているように思える。

しかし、実はそうではない。これは、つぎのように考えれば分かる。

企業が広告を出すのは、それによって商品の売り上げが伸びると期待されるからだ。売り上げが伸びれば、最終的には消費が増えるだろう（消費でなく、住宅投資や企業の設備投資が伸びる場合もあるだろう）。それが、支出側でカウントされることになる。このようにして、無料のテレビ放送の存在がGDPの計算でカウントされるのだ。

なお、広告を出したにもかかわらず、企業の売り上げが伸びないとか、広告を出した企業の売り上げは伸びるが、出さなかった企業の売り上げが落ち込む、などの理由によって、支出の総額が増えない場合もあるだろう。その場合には、売り上げが伸びない企業の利益が減少して、その企業の付加価値が減少することになる。

インターネットにおいてプラットフォーム企業が提供しているサービスも、無料ラジオやテレビの放送と同じことだ。これらの企業は、一方において検索やＳＮＳ、メールなどのサービスを無料で提供し、他方でそれらを利用した広告を行い、広告料収入を得ている。したがって、民間のラジオ局やテレビ局と同じような活動を行っている。だから、ＧＤＰ計算でも同じように処理されている。先進国のＧＤＰがプラットフォーム企業の成長で拡大したことは、このような形でＧＤＰ統計に表れているわけだ。

Data Capitalism｜第7章

プラットフォーム企業の支配力にどう対抗するか

1　ビッグデータを独占するＧＡＦＡ

大手プラットフォーマーが力を持つ

第6章で述べたように、ＧＡＦＡやＢＡＴと呼ばれるプラットフォーム企業は、プラットフォームを通じてビッグデータを収集し、これをもとにプロファイリングなどを行ってきた。それを用いて、ターゲティング広告を行った。そして、マーケットにおける優先的な地位を獲得した。

サービス拡大に必要な費用が、製造業が生産設備を拡大する場合に比べて比較にならぬほど低く、したがって、市場支配力を確立しやすいのだ。

また、オンライン市場においては、ネットワーク効果（利用者が増えるほど利便性が増す効果）によって独占化が進みやすい。

このため、先行するプラットフォーマーが大きな力を持ちやすくなる。そして、シェアが圧倒的になると、他の企業が関連ビジネスに参入することがむずかしくなり、企業間の競争が滞りかねない。

プラットフォーマーと取引する企業は、価格交渉などで不利になりやすいと指摘される。立場の弱い企業に理不尽な要求がなされたり、不利な取引を迫られたりする場合があるともいわれる。

大手プラットフォーマーが取引先に不当な取引条件を強要する「優越的地位の濫用」と見なされる事件は、日本でも実際に発生している。

たとえば、2018年にアマゾンジャパンが国内の食品や日用品メーカーに対して、同社の通販サイトで販売した金額の1～5%を「協力金」として支払うよう求めているとして、問題となった。協力金を断った企業には、協力金相当額を販促費として納めるように要請してきたケースもあったという。

また、協力金とは別に、アマゾンジャパンは通販サイトに出品する店舗の配送代行手数料を2018年4月から引き上げた。

公正取引委員会は、これまでもアマゾンやアップルに対して、契約内容の是正を迫り、実現させたことがある。

ビッグデータの収集は、巨大企業でないとできない

プラットフォーム企業の支配力は、以上で述べたことだけでない。これまで述べてきたよう

に、ビッグデータはＡＩ（人工知能）の機械学習において重要な要素だ。とりわけ、ニューラルネットワークのディィープラーニングにおいては、不可欠といえるほどの重要性を持っている。したがって、ビッグデータを利用できるかどうかが、ＡＩの開発に重要な意味を持っている。たとえばグーグルはＡＩによる画像認識に成功したが、このために配下のユーチューブの画像データを１０００万枚も利用したといわれる。こうしたことができる企業はほかにはない。

フェイスブックは、利用者が書き込むさまざまな個人データをビッグデータとして用いている。さらに、「いいね！」の分析によってさまざまな推測を行うことが可能になっている。

アマゾンも大量の物量データを保有しており、これらを活用してレコメンデーションを行うことができる。

このような形でデータを利用できる企業はほかにはない。すると、ＡＩ時代における技術開発は、ＧＡＦＡに独占されてしまうことになりかねない。

こうしたビジネスモデルは、どんな企業も採用できるものではない。ビッグデータの収集は、巨大企業でないとできない。そのため、独占の問題が生じる。

ＡＩを切り拓く可能性は、ビッグデータという重要な資源の独占を通じて、これらの企業に独占されかねない。

そうだとすると、「強い者がますます強くなる」という状況になる。インターネットの初期の段階で、インターネットは社会をフラットにすると期待された。しかし、現実に生じたことは、その逆なのである。

ＧＡＦＡの支配は偶然生じたことではなく、情報量があまりに巨大になった世界における必然事ということができる。

プラットフォーム企業による研究開発の独占

プラットフォーム企業は、巨額の時価総額を背景に、巨額の研究開発投資を行っている。アマゾン、グーグル、インテル、マイクロソフト、アップルの研究開発費は、アメリカの株式公開企業４００社の合計よりも多いといわれる。こうして、技術開発で独占的な地位にある。

２０１７年４月７日のフィナンシャル・タイムズ紙によると、グーグルは、自動運転車を開発している１人のエンジニアに対して、１億２０００万ドル（１３３億円）のボーナスを与えたという。

日本の企業でいかに企業に貢献しても、１００億円を超えるボーナスを得られることはないだろう。こうした巨大モンスターのような企業とは、技術開発競争ができない。

先端的なスタートアップ企業も、巨大なプラットフォーム企業とは競争できない。スタートアップ企業では、企業価値が１億ドルには及ばない場合が多いからだ。技術を開発しても、グーグルなどに買収されるしか、その技術を普及させる方法がない。

こうして、巨大プラットフォーム企業は、現在の利益が大きいだけではなく、将来においても巨額の利益を獲得し続ける可能性が高い。

2　プラットフォーム企業の支配力にどう対処するか

独占禁止法だけでコントロールできるか

以上で見た大手プラットフォーム企業による市場支配は、たしかに大きな問題だ。だから、問題を放置できないことは間違いない。

２０１８年12月、日本政府は、ＩＴ大手の規制に関する基本原則を公表した。そこでは、個人情報などのデータを「金銭と同じ価値」があるとみなして独占禁止法の運用範囲に含め、企業による「優越的地位の濫用」の適用を検討するとされた。

たしかに、優越的地位の濫用などに対しては、独禁法の見地から規制が加えられるべきだろう。たとえば、立場の弱い中小企業が取引で不当な圧力を受けないように、プラットフォーマーに対して取引ルールの重要部分の開示を義務づけることなどが求められる。

ただし、それによって対処できるのは、独占的な地位を利用しての不当な取引である。しかし、右に述べたように、大手プラットフォーマーの問題は、それだけではない。この問題は、独禁法などの従来の手法では対処しきれない側面を持っているのだ。

2019年7月、公正取引委員会は、個人データを同意なく利用すると独占禁止法の「優越的地位の濫用」にあたるとする方針を固めたと報道された。

対象とされるデータには、サイトの閲覧や購買の履歴、位置情報も含まれる。

個人情報の取り扱いに関する規約を明らかにしていても、利用者が理解しづらい場合は、違反にあたるとした。

ただし、これが実効性のある規制になりうるのかどうか、疑問だ。適用には、さまざまな困難が発生するのではないだろうか？

独禁法が想定していたのと同じ状況ではない

歴史的に見ると、アメリカで独禁法が制定されてきた背景には、スタンダード・オイルなどが競争相手を強引な手段で蹴落として大きくなり、市場支配力を確立してきたことがある。それが社会の反感を買った。

しかし、大手プラットフォーマーが成長してきた経緯は、これとは大分違う。

これらの企業は、検索やSNSなどのインターネットサービスを無料で利用可能とすることで、利用者に対して利便を提供してきた。利用する側は、それらのサービスを無料で利用できることをありがたいと思ってきた。プラットフォーマーは、それと引き換えに膨大なデータを集めてきたのだ。

つまり、プラットフォーム企業の場合には、「利用者が喜んで利用した結果大きくなった」という経緯がある。その結果として、市場支配力が高まったのだ。

また、「市場支配力」の意味も、伝統的な独禁法の世界で用いられてきたものとは異なる。プラットフォーマーの場合には、無料サービスを提供している場合が多い。これは、従来の独占的企業が市場支配力を行使して価格の引き上げを図ってきたのとは、大きく異なる構図だ。

さらに、事業への新規参入がむずかしくなるというが、参入がなくなっているわけではない。これは、とくに中国の場合に明らかだ。中国国務院によれば、2017年の新規企業登録数は607万社に及んだという。これは、1日平均1万6600社という驚くほどの数だ。

その結果、中国では、映像関係スタートアップ企業が続々と誕生し、成長している。たとえば、動画サイト「bili bili（ビリビリ）動画」は、2017年の売上高は16年と比べて5倍近くという急成長をした。アメリカのナスダック市場に上場し、時価総額は38億ドル（4200億円）になった。また、短尺動画ＳＮＳアプリでは、「Douyin」「Kuaishou」などのハイテク企業が、テンセントと熾烈なシェア争いを繰り広げている。

以上のようなことを考えると、プラットフォーマーの問題は、従来の独禁法の延長では対処できない問題であることが分かる。

19世紀の鉄道会社の規制が参考になるとする意見

フィナンシャル・タイムズのラナ・フォルーハーは、19世紀の鉄道会社に対してなされたのと同じような規制をプラットフォーム企業に対しても行うべきだと議論を展開している（２０１９年６月21日付　日本経済新聞。原文は２０１９年６月17日付フィナンシャル・タイムズ）。

独占状態が原因で価格が上がっていると証明できなければ、反トラスト法の裁判で勝訴するのは困難だ。しかし、不透明なバーター取引（サービスを無料で提供する代わりに利用者のデータを得る）を行うＩＴプラットフォーム企業について、これを証明するのは難しい。

競争環境を整えるには、プラットフォームという「公共財」を所有する一方で、そのプラットフォームの参加者にもなることを認めるべきではない。つまり、プラットフォームと商取引を分離する必要がある。このような考えが、いまアメリカの法律専門家や政治家の間で広がっているという。

これについては、アメリカの鉄道各社が市場を築いてかつ支配するのを防ぐために、鉄道各社に適用された「コモディティー条項」が参考になる。これは、プラットフォーム（輸送手段を提供する鉄道各社）と商取引をする企業は分離しなければならないとするものだ。こうした分離策は、その後、銀行など他の分野にも広がり、銀行持ち株会社がさまざまな業界で顧客と競合するのを阻止した。

当時、もし国が鉄道各社による独占問題に対応しなければ、鉄道各社が国を支配する危険があった。いま、同じような問題が生じているというのが、フォールーハーの意見だ。

EUによる制裁金

フランスのデータ保護機関であるＣＮＩＬ（情報処理・自由全国委員会）は、２０１９年１月、グーグルがＧＤＰＲ（ＥＵ一般データ保護規則）に違反していたとして、５０００万ユーロ（約62億３０００万円）の制裁金を課した。

ＣＮＩＬは、個人情報の利用目的などを説明したグーグルのページが分散していて分かりにくいと指摘した。たとえば、位置情報の収集法を知るには、何度もクリックすることが必要なことを問題視した。

また、ユーザーがアカウントを作る際にグーグルは一括して利用規約への同意を取っていたが、ＣＮＩＬは「同意は利用目的別に行うべきだ」と強調し、グーグルの方法が不適切だとした。

しかし、この報道を見ると、「これが問題の本質なのか？　この措置によって状況が改善されるのだろうか？」と考え込んでしまう。

たしかに、グーグルによる説明は不十分だったのだろう。それを改善して説明が分かりやすくなるのは望ましいことだ。しかし、改善されたとしても、それがどのような効果をもたらすのだろうか？

グーグルが提供するサービス利用の見返りとしてグーグルが個人情報を得ることは、多くの人が、これまでも十分承知していた。それを知りながらも、検索、メール、地図などのサービスを使わざるをえないので、使っていたのだ。

だから、「説明が分かりやすくなったために、グーグルのサービスを使わないことにする」という人はほとんどいないだろう。つまり、基本的な状況は変わらないだろう。

似たような「見当違いの糾弾」は、ほかにも見られる。

２０１８年12月、アメリカ下院はグーグルのスンダル・ピチャイ最高経営責任者（ＣＥＯ）を公聴会に呼び、検索の公平性などについて説明を求めた。公聴会で、ある議員はスマートフォンをかざし、「私がこれを持って移動したらグーグルはその情報も把握できるわけだな」と迫った。

しかし、位置情報をオンにしていれば位置が知られることは、多くの人が承知している。写真を撮れば撮影地の記録が残ることも、それをSNSなどで拡散すれば問題が生じうることも、さらに、位置を知られるのが嫌なら位置情報へのアクセスを切ることができることも、多くの人が知っている。切ってしまえばいくつかのサービスを利用できなくなるので、オンにしているのだ。

この議員の追及は、まったくの見当違いだったと考えざるをえない。

従来の独占的市場支配力とは違う

グーグルのデータ利用についてわれわれが本当に問題だと思っているのは、説明が分かりにくいことや、現在の位置などの個別情報を知られることそれ自体ではない。

問題だと思っているのは、さまざまなデータを総合してプロファイリングされることだ。

まず、どのようにプロファイリングされているかが分からない。

グーグルが把握しているのは、現在の位置よりもっと詳細なことだ。グーグルは、2012年にグーグル・ナウ（Google Now）というサービスを始めた。これは、個人が生活の中で必要とする情報を、尋ねる前に自動的に表示するサービスだ。勤務先を教えてもいないのに、勤務先の場所が特定されたりしている。この程度のプロファイリングは、すでになされているのだ。

このサービスについては「気味が悪い」という人が多い。個人の状況があまりに詳細に、正確に知られているようだからだ。年齢、所得、健康状態、趣味、家族状況、政治的信条などまで知られているのではないか？　という懸念が消せない。

また、プロファイリングされた結果がどう利用されているのかもわからない。広告に用いられることは知っているが、それだけか？　他企業に売られているようなことはないだろうか？　さらに、プロファイリングが正しくないと判断したとしても、それを変えてもらうことなど到底できないだろうと、多くの人が不安に思っている。

以上のことは、グーグルだけでなく、プラットフォーム企業と呼ばれるものについて、多かれ少なかれ共通した問題だ。

プロファイリングされること自体が問題

プラットフォーム企業の問題には、独禁法ではまったく想定していない問題もある。

もっとも大きな問題は、「プロファイリングされること自体が許されるのかどうか？」という問題だ。

独禁法で不当な取引が排除されるとしても、データを使ってのプロファイリングそのものが規制されるわけではない。しかし、普通の個人から見ると、むしろ、プロファイリングされることのほうが問題かもしれない。

情報管理が十分でなければ個人情報が流出する。それによって、プライバシーが侵されたり、与信判断などに使われる可能性がある。情報流出はたしかに問題だ。ただし、問題はそれだけではない。

情報流出がなくとも、プロファイリングを行うことは可能だ。ＡＩの技術は、さまざまな断片的なデータをつなぎ合わせて人間の諸側面を高確率で推定することができるからだ。

たとえば、アメリカのスーパーでは、「ローション、大きめのかばん、サプリメント、ひざ掛けを購入した女性は、87％の確率で妊娠していて、5ヵ月後に出産予定」という分析結果を得、これを用いてベビー用品のマーケティングを行っていたといわれる。その結果、「妊娠の確率が高い」と判断された女子高生のもとにベビー服のクーポンが送られてきた。それによって父親が娘の妊娠に気づかされた、という例もあるそうだ。

また、本人が知らないうちに、個人情報が別の場面で利用されることもある。

プロファイリングがターゲティング広告に使われている限りは、(右の例のような特別な場合を除けば）あまり大きな問題はないかもしれない。

しかし、そうした情報が企業間で取引されるようになれば、応用は広がり、場合によっては深刻な問題を引き起こしかねない。

信用スコアリングに使われ、それが融資の審査だけではなく、就職の際の判定などに使われる可能性がある。それによる評価が社会的に定着してしまうと、借り入れの申し込みをいつまでも断られ続けたり、何回就職活動をしても断られるといった状況になりかねない。

写真の蓄積で可能となる詳細なプロファイリング

グーグルが提供するサービスであるグーグルフォト（Google フォト）には、「アルバム」という機能があり、保存した写真を自動的にグループ分けしてくれる。

「人物」というグループでは、個人ごとのサブグループが作られる。そこに、その人物が写っている写真がまとめられている（1枚の写真が複数のサブグループに入っていることもある）。

「被写体」というグループでは、写真が「山」「公園」「湖」「花」などというサブグループに分類されている。

写真の画像をＡＩが認識して、グループ分けしているのだ。人物については、異なる写真に写っているのが同一人物か否かの認識ができていることになる。幼児の場合、数年間で外観はかなり変わるが、そうであっても、同一の人物であると正しく認識する。

ただし、その人物の名前を特定することはできない。名前は、利用者が入力する。グーグルフォトは無料の大容量保存サービスなので、これを使っていると、大量の写真を撮るようになる。このため、「アルバム」の機能を用いないと収拾がつかなくなってしまう。多くの利用者は、家族や友人について、個人別のサブグループを作って、名前を入力していることだろう。

「誰か」を同定するには顔画像のデータベースが必要

ところで、グーグルは、グーグルレンズ（Google レンズ）というサービスも提供している。これは、スマートフォンのカメラで写した画像を認識する機能だ。

花の写真を撮れば、その名を教えてくれる。腕時計やワインボトルの写真を撮れば、それらの商品のウェブサイトを開いて詳細情報を教えてくれる。正しい答えを示さない場合もあるが、商品などについては、かなり正確だ。

印刷物の写真を撮れば、それをテキストに変換してくれる。名刺の写真を撮ると、名刺に印刷されているさまざまな情報を別々に認識してくれる。たとえば、メールアドレスはメールアドレスとして認識し、そのアドレス宛のメール送信画面をシームレスに開いてくれる。

グーグルレンズは、印刷物やウェブサイトにある人間の顔も認識し、それが誰であるかを同定する。欧米の映画俳優なら、あまり有名でない俳優も含めて、かなり正確に認識する。

ある人の顔写真を見せた場合に、その人が他の写真に映っている人と同一人物か否かを識別する能力と、その人が誰であるかを同定する能力は別のものだ。グーグルフォトは（利用者が名前を入力しない限り）前者しかできないが、グーグルレンズは後者もできるわけである。

写真に写っている人物が誰かを同定するためには、人物の画像データベースが必要である。グーグルレンズは、カメラで写した人物を人物データベースにある画像と照合し、どれと同一人物かを検出しているわけだ。

したがって、人物データベースに収録されていない人は、誰であるかを同定できない。このため、すべての人を認識できるわけではない。

印刷物やウェブで顔と名前のデータが得られる人については、今後データベースが作成され、グーグルレンズによって名前が分かるようになるだろう。

さらに、グーグルフォトの利用者が、家族や友人などの一人ひとりについて名前を明記したアルバムを作れば、膨大な人々をカバーする人物の画像データベースが構築されることになる。いや、「すでにかなりの程度、構築されている」というべきかもしれない。フェイスブックやツイッターなどのSNSも顔の画像データを持っているが、グーグルフォトが収集できる顔データは桁違いに多い。場合によっては、一人あたり数千枚の写真が集まるだろう。「顔は覚えているけれど、名前を忘れてしまった」という状況に対して、グーグルは答えを出せるようになるわけだ。

画像データの利用はどこまで広がるか

グーグルフォトやグーグルレンズによって得られる画像データを、グーグルはどのように利用するのだろうか？

ＡＩの機械学習データとして用いられることは疑いない。グーグルレンズでは、識別結果が正しいかどうか（たとえば、バラの花を写したのに、梅の花だという判断をしていないか？）を、利用者がフィードバックできるようになっている。また、グーグルフォトでは、ある写真の人物がアルバムの人物と同一か否かをフィードバックできる。こうした情報を用いて機械学習の精度を上げることができるだろう。

さらに、グーグルフォトに蓄積された画像データを用いて、プロファイリングを行うことが考えられる。写真には、どんな家に住んで、どんな家具を持っているか？　どんな衣服を着ているか？　どんな自動車に乗っているか？　それはいつ頃に買い換えの時期を迎えそうか？　家族とどんな場所に旅行しているか？　などの情報が入っている。それをＡＩが読んで分析すれば、利用者の年齢、所得、家族の状況、趣味などを正確に把握することが可能になるだろう。検索やメールで得られた情報よりはるかに詳細で直接的な情報が得られるわけだ。

すでに述べたように、アメリカ議会の公聴会で「スマートフォンを持ち歩けば居場所が分かってしまうのか」と「迫った」議員がいた。何とのんきなことを言っているのかと、あきれてしまう。

こうして得た情報を用いれば、きわめて効率の良いターゲティング広告を行うことができるだろう。

問題は、利用が広告だけにとどまるかどうか、である。それが分からないのだ。

中国では、プロファイリングの結果は、警察・公安活動に利用されている。群衆の中から目的の人物を発見することに使われて、成果を上げている。また、飛行機の搭乗を拒否された場合もあると報道されている（この問題は、第9章で詳しく取り上げる）。

こうしたことは、中国に限られた問題だと考えていた。なぜなら、中国では、公権力で個人データを集められるという特殊な条件があるからだ。中国では身分証によって顔データが集められる。犯罪者などについては、さらに詳しいデータがある。

しかし、以上で述べたように、グーグルも中国の公安が持っているのと同じように詳しい個人データを持っていると考えることができる。

それを考えると、ＡＩがもたらしうる管理社会は、中国に限定された問題だと言い切ることはできない。

第8章

Data Capitalism

ビッグデータの将来

1　データの有償取引が始まっている

データ有償取引の類型

ビッグデータの重要性が認識されるようになるにつれて、データを有償で売買しようとする試みが広がっている。

これには、いくつかの形態のものがある。「データ流通環境整備検討会、ＡＩ、ＩｏＴ時代におけるデータ活用ワーキンググループ」（内閣官房ＩＴ総合戦略室）は、２０１７年３月の「中間とりまとめ」で、つぎのような区別をしている。

(1)ＰＤＳ（Personal Data Store)。他者が保有するデータの集約を含め、個人が自らの意思で自らのデータを蓄積・管理するための仕組みであり、第三者への提供に係る制御機能を有するもの。

(2)情報銀行。個人とのデータ活用に関する契約などに基づき、ＰＤＳなどのシステムを活用して個人のデータを管理するとともに、個人の指示またはあらかじめ指定した条件に基づき個人に代わり妥当性を判断の上、データを第三者に提供する事業。

(3)データ取引市場。データ保有者と当該データの活用を希望する者を仲介し、売買などによる取引を可能とする仕組み。価格形成・提示、需給マッチング、取引条件の詳細化、取引対象の標準化、取引の信用保証などの機能を担う。

頓挫したスイカの利用履歴利用の試み

日本でもこれまでビッグデータの売買を行おうとする試みは、なされてきた。ただし、論議も引き起こした。

2013年7月に、JR東日本がIC乗車券「スイカ（Suica）」の利用履歴を日立製作所に販売していることが、新聞やテレビに取り上げられて問題となった。

日立は、データを利用して駅エリアのマーケティング情報として契約企業に提供するサービスを行う予定だった。しかし、JR東日本は、スイカのデータを販売することを事前に利用者に説明していなかった。そして、「個人情報の無断販売だ」との批判に対しては、当初、「個人が特定できるようにはなっていないから、個人情報に当たらない」としていた。

しかし、批判が収まらなかったので、事前の説明が足りなかったと謝罪し、販売を中止した。

中国でビッグデータ取引所が開設された

相対取引の場合には、データの書式や格納方式が場合によって異なり、データのやりとりに手間がかかる。この問題を克服するため、「ビッグデータ取引所」を作る構想がある。

データ取引所は、データを販売したい個人や企業と、情報関連企業などのデータ購入者の取引を仲介するものだ。複数の企業間で行うデータ売買の仲介を行う。これによってデータの流通基盤ができれば、企業は購入したデータを効果的に利用できるようになるとされる。

中国では、国務院が2015年9月に「ビッグデータ発展促進行動要綱」を公表し、ビッグデータ活用を進める方針を示した。これ以来、ビッグデータ活用の機運が高まった。

貴陽市がビッグデータセンターの中心都市として指定され、ここに広大なデータセンターを作り、関連企業を誘致する試みがなされている。

2016年4月には、上海市静安区の市北高新技術服務業園区に、上海数据交易中心（上海データ取引センター）が設立された。これは、上海市政府の承認を受けて設立した初のビッグデータ取引所だ。

上海市は、人口、地理空間データベースのほか、医療ネットデータ共有システムや、交通カードデータ、交通移動データ、証券取引データ、企業のデータベース、貨物・コンテナデータなどを保有している。上海データ取引センターでは、こうしたデータや、企業が保有するデータを取引する。データは、個人情報などが特定されない形に加工され、暗号化してやりとりされる。

日本でのビッグデータ取引所や情報銀行の試み

日本でも、エブリセンスジャパンによる「ビッグデータ取引所」が、２０１８年10月にサービスを開始した。

また、博報堂ＤＹホールディングスは、２０１９年度にデータ取引所事業の実証実験を始める。これには、カード会社や小売企業が参加する。日立製作所やオムロンは、センサーデータなどを流通させる環境を整える。

行動履歴や購買履歴などの個人データを管理し、個人に代わって企業などの第三者に提供する仕組みである情報銀行の試みも始められている。三菱ＵＦＪ信託銀行が個人情報銀行を始めると、２０１８年７月に報道された。２０１９年度中のサービス開始をめざすとされる。

2　データの有償取引のために克服すべき問題

どの程度のコストでビッグデータを集められるか

情報銀行は、インターネットサービスの提供者ではない主体がビッグデータを利用するために構想されている。したがって、利用者は、データを有償で入手することになる。データ取引所でも、個人情報のビッグデータを今後の取引対象とすることが考えられている。

先に述べた三菱ＵＦＪ信託銀行の情報銀行の場合には、スマートフォンアプリによって、個人の健康診断や、月々の支出、購買履歴などのデータを記録し、管理する。同行は、個人の同意に基づいて他の企業にデータを開示する。データを開示した個人は、対価として金銭やサービスを受け取る。対価としては、１企業ごとに毎月５００〜１０００円程度が考えられている。

では、このようにして集められる有料のデータを用いて、経済的に意味がある活動を展開することができるだろうか？

本当に意味があるビッグデータを得られるか

有償でビッグデータを集める場合に、本当に意味あるデータを得られるか否かという問題もある。

プロファイリングの場合には、名前は必ずしも分からなくともよいが、年齢、所得、住所、学歴、家族構成など、本人の属性に関する正しい情報はできるだけ必要だ。どこの誰のものかが分からないデータは、まったく無価値というわけではないが、あまり価値はない。

なぜなら、プロファイリングとは、たとえば「いいね！」ボタンを押す確率を説明変数として、性格や年齢、人種などの属性を推測することだからだ。こうした推測を行うためのモデルを構築するには、「いいね！」ボタンを押す確率のデータだけではなく、ボタンを押している主体の属性に関するデータが必要である。

フェイスブックのデータには、本人の属性についてかなりの情報が含まれているので、プロファイリングが可能なのだ。

ところが、情報銀行やデータ取引所の場合、本人属性について、どの程度の情報が得られるのか明らかでない。

データの提供者が、属性に関する正しい情報を提供するだろうか？　何に使われるのか分からないというのであれば、有償であったとしても、正しい属性の開示はリスクが大きすぎると考える人が多いのではないだろうか？

正しいデータを得られるか

もう一つの問題は、偽データだ。フェイスブックやグーグルの場合、サービスの利用者は、普通はデータが利用されることを意識しないので、ありのままの情報を送っている。電子マネーの利用情報もそうだ。

しかし、情報を有料で売れるということになれば、販売用に作った情報を大量に提供する人が出てくるのではないだろうか？ さらに、多数のアカウントを作り、大量に偽情報を出すというようなこと行われる可能性もある。

こうしたことに対しては、ロボット対策などが行われるだろう。しかし、それで完全に排除できるとは思えない。

実際、ツイッターでは、偽アカウントが大量に存在することが問題となり、２０１８年夏に削除が行われた。この際に、数千万のアカウントが消えたとされる。情報が有料で売れるということになれば、偽アカウントの数は膨大なものになり、それらを排除するためのコストは巨額のものになる恐れがある。

これまでも、スコアリング（点数付け）に基づいて融資の決定をする試みがなされたことがある。しかし、失敗した。そうなったのは、データが正しくなかったからだ。

以上で述べた問題を回避するために、どのような対策がとられることになるだろうか？

プライバシーへの配慮が必要

情報の流通で重要なのは、プライバシーへの配慮だ。

２０１７年5月に施行された改正個人情報保護法では、「匿名加工情報」という概念が作られた。これは、特定の個人を識別することができないように個人情報を加工し、当該個人情報を復元できないようにした情報のことだ。匿名加工情報は、一定の条件の下で、本人同意を得ることなく、自由な利活用が可能とされる。

国会の審議では、ポイントカードの購買履歴、交通系のＩＣカードの乗降履歴などの利用、医療機関が保有する医療情報の活用、精緻な渋滞予測、天気情報の提供などが例としてあげられた。

「匿名加工情報・個人情報の適正な利活用の在り方に関する動向調査」事業者の匿名加工情報利活用事例集（三菱総合研究所社会ＩＣＴイノベーション本部、２０１８年3月）では、これらのカテゴリーごとに事例が示されている（ただし、活用の可能性が示されているだけで、実際の具体例が示されているわけではない）。

しかし、匿名加工情報の制度によって問題が完全に解決されるのかどうかは、疑問である。交通系のＩＣカードや銀行預金など、利用者がきわめて多数である場合に本人の同意なしの利用が行われたとすると、社会的にはやはり問題になるのではないだろうか？

データの値付けをどうするか

以上で述べたこと以外の問題もある。とくに難しいのは、データの値付けだ。購入したデータが価格に見合うだけの経済価値を生み出すかどうかは、確実とはいえない。なぜなら、ビッグデータは、個別の情報それ自体が直接に価値を持っているわけではなく、全体として価値が出るものだからだ。

また、分析を行うことによって価値が出る。たとえば、データを用いてプロファイリングを行い、それをターゲティング広告（第3章の3参照）に用いることが価値を生む。その際、いかなるモデルを用いて分析するかによって価値が大きく異なる。また、データに欠損値がある場合も多いので、それをどう処理するかが結果を左右する。

加工や分析がされていない元データに近いほど付加価値が低く、データ流通に対する許容性は高いといわれる。しかし、利用者が処理能力を持たない場合も多い。前述のスイカ－日立の場合には、日立にデータ分析者がいたのだろうが、どの企業もそうした能力を持っているわけではない。

これまでのところ、ビッグデータの価値は、GAFA、BAT企業が企業内で実現した場合が多かったのだが、それは、こうした事情によると考えられる。

データ流通の促進は重要な課題だが、それだけでなく、データサイエンティストの養成が必要だ。この分野での日本における人材不足は、深刻だ。これこそが、ビッグデータ活用にあたって日本が抱える最大の問題である。

3　マネーはビッグデータになるか

ビッグデータとしてのマネーの重要性

これまでビッグデータの供給源として重要な役割を果たしてきたのは、検索、メール、地図、オンラインショッピング、SNSなどの利用だった。ここでは、GAFA、BATなどのプラットフォーム企業が中心だった。

ところが、SNSなどから得られるデータには問題もあった。

まず、これらはすべての人を網羅するものではなかった。ＳＮＳを使っているのは年齢的にいえば若い人が中心であり、高齢者はあまり使っていない。したがって、ここから得られるデータは、偏ったデータとなり、必ずしも経済全体を代表するデータとはいえない。

また、ＳＮＳから得られるデータは、経済的な問題に使えるとは限らなかった。

こうしたことを考えると、今後は、ＳＮＳ以外のものから得られるビッグデータが登場する可能性がある。

まず、マネーがある。マネーは、あらゆる経済取引の裏側にある。しかも数値的に処理できる正確なデータだ。したがって、これを用いれば、ＳＮＳなどで得られるデータより、はるかに有効な情報処理ができるだろう。

このようなデータを用いれば、これまでのターゲティング広告のように広い範囲を対象にするのではなく、個人個人をターゲットにしたきめ細かい事業戦略が可能になるはずだ。

なぜマネーがビッグデータとして利用されなかったか

このように、マネー（決済データ）はビッグデータとして重要な役割を果たしうるものだ。

ところが、これまで、マネーがデータとして利用されることはあまりなかった。それは、つぎのような事情によると考えられる。

まず、古典的なマネーは、匿名性を有しているために、情報としては使えないものだった。金《きん》や銀などの貴金属は、匿名性がある支払い手段だ。紙幣の時代になっても、中央銀行券は匿名性を持つ支払い手段だから、個別の支払い状況を追跡することはできなかった。現金に関して収集できるのは、発行残高、流通量などのマクロデータだけであり、個別の取引を跡づけることはできなかった。

銀行には預金や貸し付けのデータがあったのだが、従来は紙の帳簿で管理していたため、それらをまとめてデータとして使うことができなかった。

この状況が変化してきたのは、１９７０年代頃である。銀行のオンライン化が進められ、日本はこの改革において世界の先頭に立った。銀行は、データを電子的に処理するようになってから、個々の取引を個人名や個別企業名と紐づけて把握できるようになった。だから、かなりのデータを蓄積しえた。

しかし、こうしたデータを積極的に活用することはなかった。その理由はいくつかある。

まず、プライバシーの問題がある。また、仮にデータ分析を行っても、それを収益化する手段がなかった。さらに、把握できるのは自行の取引だけだ。クレジットカードもマネーの一種だが、情報は部分的だった。

また、そもそも、このシステムで得られるデータをビッグデータとして使うという意識はなかった。最大の理由は、銀行が規制産業であったことである。とくに日本においては、店舗の設立によって銀行の業績のほとんどが決まるような状態だった。また、提供できる商品についても、行政が決定権を持っていた。金利にも規制があった。つまり、行政が銀行の業績の大半を決めていたのである。したがって、データを分析して経営に役立てようというインセンティブはあまりなかった。

また、データを分析して業務に活用するための能力が、金融機関になかったということもある。

クレジットカードの情報も支払いデータとして使えるものであるが、実際には使われることはなかった。

マネーのデータ価値が認識されてきた

ところが、以上で見た状況が、最近になって変わってきた。

最大の理由は、コンピュータの能力が、ビッグデータを活用できるような水準にまで向上したことである。

ビッグデータの重要性が認識されるにつれて、クレジットカードや銀行保有のデータをビッグデータとして活用する動きが始まっている。

また、電子マネーの利用履歴が利用可能になった。

電子マネーでも、日本でそうであるように、多数のものが乱立している場合には、利用履歴が収集できても、ビッグデータとしては使いにくい。しかし、少数の電子マネーが多数の人に使われるようになれば、その利用履歴はビッグデータになる。中国の電子マネーであるアリペイの利用履歴は、信用度スコアリングに使われている。こうなると、SNSのデータなどより正確にプロファイリングができる。

さらに、民間の大銀行や中央銀行が仮想通貨を発行することになれば、取引データによってきわめて詳細な個別状況が分かる。

とりわけ中央銀行の仮想通貨の場合には、事実上すべての取引がこれによって行われるようになるだろうから、中央銀行は、これまでどんな主体も持つことができなかったデータを持つことになる。

こうして、マネーのビッグデータとしての側面が、最近とくに注目されるようになってきた。

カード会社がビッグデータ活用の取り組みを始める

まず、クレジットカードをデータとして使うという動きが生じてきた。これは、CLO（Card Linked Offer）と呼ばれるものだ。

カードの利用履歴を用いて消費者の嗜好や消費志向性をプロファイリングし、その結果を小売事業者などに提供する。

三井住友カードは、2017年6月から、外国人客による加盟店でのカード支払い情報を自治体に提供するサービスを始めた。このサービスによって、たとえば、「広島市を訪れる韓国からの観光客が美容整形に使う金額の伸び率が前年比3万%以上」などという結果が得られたという。

銀行がビッグデータ活用の取り組みを始める

銀行がデータを活用する動きもある。

横浜銀行は、ビッグデータの活用に関する取り組みを、1997年から進めてきた。2008年からは、「EBM（イベントベースドマーケティング）」に取り組んできた。これは、優秀な担当者の行動や経験をビッグデータと統計手法でモデリングし、結婚や出産など顧客のイベントに合わせて顧客にアプローチする仕組みだ。

2013年には、地方銀行6行（現在は10行）共同によるデータベースシステム「共同MCIFシステム」の利用を開始した。2016年には、浜銀総合研究所とNECが共同で、ディープラーニング技術を搭載したソフトウェアである「RAPID機械学習」を活用し、データベースマーケティング分野での実証実験に着手した。この実証実験では、過去の来店実績やＡＴＭ利用履歴が把握できている約30万人以上の顧客データから、カードローンの潜在ニーズがあると見られる顧客の抽出を行った。これにより、従来は見過ごしていた潜在顧客を新たに6割も発掘できたという。

ＲＡＰＩＤ機械学習によるモデル構築が、人間の業務の一部を代替しうるとの成果を確認したので、２０１７年に実際の業務への導入を開始し、現在では、カードローンの新規勧誘ＤＭを送付する実務で活用している。また、営業店の行員が訪問すべき顧客のリストの作成にも活用している。

三井住友フィナンシャルグループ（ＦＧ）とヤフーは、２０１７年8月、ビッグデータ分析やアプリ・サービスの開発を行う合弁会社の設立を発表した。ところが、その時点で、情報を匿名化するのか本人の同意を得るのかを明らかにしなかったため、批判が起こった。三井住友ＦＧは約４０００万人分の顧客情報を持っているが、同意を得た顧客だけに限ると、データ量は10分の１以下になるといわれる。

なお、同社は、「ブレインセル」として２０１８年6月に設立された。金融関連アプリの企画・開発のほか、三井住友ＦＧの顧客データの分析などを手がけ、金融商品の開発や提案、市場調査に力を入れ顧客獲得につなげるとされる。

ＩＴの業界団体である日本ＩＴ団体連盟は、２０１９年6月に、三井住友信託銀行の『『データ信託』サービス』(仮称)、フェリカポケットマーケティングの「地域振興プラットフォーム」(仮称)を「情報銀行」の第1弾として認定を決定したと発表した。

キャッシュレスはデータが目的？

キャッシュレス社会では、決済を通じて消費者がどこで何を買ったかという購買データが収集できる。このため、誰が、どこで、何を、いくらで、どれだけ買ったかという個人の消費行動が詳細に把握される。

ＧＰＳ(Global Positioning System)による位置情報や気象情報なども加えて解析すれば、さらに正確なプロファイリングができる。また、消費の予測もできる。それをマーケティングに活用し、自社サービスに顧客を囲い込むというパーソナル・マーケティングやターゲット・マーケティングが行われることになる。

中国では、電子マネーの情報が信用スコアリングに使われている。第3章の4で述べたように、アント・フィナンシャル社傘下の芝麻信用社(Sesame Credit)は、アリペイによるショッピングの取引情報を用いて、個人の信用度を測定する「芝麻信用」というスコアを提供している。スコアリングには、政府から提供される学歴情報や公共料金の支払記録なども用いられる。

芝麻信用社から信用スコアの提供を受けた企業は、これを活用して、消費者の個別の特性に応じたサービスを提供している。このスコアは、就職や結婚などの社会生活にも用いられ、社会的に大きな影響力を持つに至っているといわれる。

いま東南アジアで電子マネーをめぐって激しい競争が生じているのは、電子マネーがビッグデータの供給源になるからだ。

日本でも、最近QRコード決済への参入が相次ぎ乱立気味だ。また、メガバンクによるQRコード規格の標準化も進んでいる。

これは、データを手に入れたいという要求があるからだと考えられる。多くの巨大IT企業がキャッシュレス決済の分野に参入するのは、企業側が支払決済サービスをデータ収集のプラットフォームと捉え、集めたビッグデータをさまざまな用途に活用できるためと考えられる。

プライバシーの問題

ただし、キャッシュレス化が進むと、利便性の向上と引き換えに個人のプライバシーが脅かされかねないことに注意が必要だ。

ビッグデータを活用してAI（人工知能）で分析すれば、さまざまな相関関係を発見できる。また、信用度スコアがさまざまな場面で用いられるようになると、新しい社会的格差を生みかねない。実際、中国では、信用度スコアの低い人が、航空便の利用を拒否されたという事件も起きている。

さらに、個人情報が国家に利用され、世論を操作したり、選挙結果に影響を与えようとする試みが行われる可能性がある。国家が市民の日常生活を管理し、統治する監視社会に進む危険もある。このような全体主義国家の誕生は、決してSFの世界だけのことではない。

実際、日本でも、2019年1月に「Tカード」事件が起きた。これは、ポイントカード最大手の一つである「Tカード」を運営するカルチュア・コンビニエンス・クラブが、裁判所の令状なしに、会員の氏名、住所、年齢、電話番号などや、商品購入履歴やレンタルビデオのタイトルなどの個人情報を警察に提供していたという問題だ。これは警察の捜査のための情報であるとはいえ、プライバシー上、大きな問題があることは間違いない。

プライバシーについて両極端の仮想通貨がある

銀行が発行する仮想通貨、または中央銀行が発行する仮想通貨の構想がある。

日本のメガバンクは、独自の仮想通貨の開発に取り組んでいる（三菱ＵＦＪフィナンシャル・グループによるＭＵＦＧコインや、みずほフィナンシャルグループによるＪコインなど）。

これらが使われるようになれば、きわめて多数の人が同一仮想通貨を使うことになるので、かなり広いカバレッジの詳細なデータを得ることができるだろう。

実際、みずほFGは、Jコイン導入の一つの目的は、集まった決済データの活用であるとしている。

データを匿名にしたうえで、Jコインに参加する他の銀行や加盟店と共有し、効果的な商品開発やマーケティングなどに使うというものだ。これは、加盟店の手数料を低く抑えて、手数料ではなくデータで収益を上げようというビジネスモデルと見ることができる。

中央銀行が仮想通貨を発行することも、技術的には可能だ。ただし、中央銀行があまりに詳細な取引データを入手できるということが、中央銀行の仮想通貨に対する大きな問題点の一つとして指摘されている。

ところで仮想通貨としては、ビットコイン型の仮想通貨もある。これは完全に匿名性を保障するものだ。

このように仮想通貨は、データという観点から見ると、性格がまったく正反対の2種類のものがある。このような差が生じるのはなぜであろうか？

それは、用いているブロックチェーンが違うからである。

ビットコイン型の仮想通貨で用いられるブロックチェーンは、「パブリック・ブロックチェーン」と呼ばれ、誰でもマイニングの作業（仮想通貨の取引を記録する作業）に参入することができる。その代わり、プルーフオブワークという作業を課して、データの書き換えができないようにしている。

それに対して、銀行が使うブロックチェーンは、「プライベート・ブロックチェーン」と呼ばれ、そこに参加するコンピュータは銀行によって選ばれている。つまり信頼のおけるコンピュータと考えられているわけであり、そのために同意形成のメカニズムは著しく簡素化されている。またプルーフオブワークの作業は課さない。これは、従来の中央集権的なマネーの延長上にあるわけであり、その意味では、電子マネーに性格が近いということができる。

どちらのタイプの仮想通貨が実際に使われるかによって、社会の構造は大きく異なるものとなるのだ。

なお、第6章の4で述べたリブラは、当初は参入に許可が必要なブロックチェーンを用いるが、5年以内に許可が必要ないブロックチェーンに移行するとしている。

こうした状況をどう考え、どう対処すべきか? われわれは、これまでなかった新しい問題に直面しようとしている。

4　ＩｏＴで得られるビッグデータ

ＩｏＴから膨大なデータが得られる

ＩｏＴ（モノのインターネット）は、新しいビッグデータ供給源となると考えられている。データ収集では、センサーや通信機の小型化と低価格化、付加機能の充実が進み、通信回線では、キャリアやＭＶＮＯ事業者によるＭ２Ｍ向けプランの低価格通信サービスが普及した。

各デバイスは、一つひとつの価値こそ低いものの、大容量のデータを大量に生成する。デバイスの中には生成するデータが小さなものもあるが、数は膨大になる。こうしたデバイスとの通信によって、企業は驚くほど膨大かつ多種多様なデータを収集できるようになる。桁違いのビッグデータが生じる可能性がある。

工場で稼動している製造装置から取得するデータを増やし、製造現場の状況をより的確に把握できるようになる。

インターネットサービスの拡大

また、さまざまなインンターネットサービスの拡大によってデータが得られる。

まず、端末やアプリのログインにパスワードの代わりに顔認証が用いられるようになると、人々は顔のデータを提供することになる。

また、テレマティックス保険（加入者の個別状況に応じて保険料や保険金を細かく変える保険：第3章の4参照）では、加入者はさまざまの詳細な個人データを提供する。

センサーを付けた薬を利用して、そこから得られるデータを分析することで、薬の摂取状況や体の状態を知ることができる「生体情報の収集・分析・管理システム」の取り組みも行われている。

トイレにセンサーを付け、健康管理に利用するというアイデアもある。用を足すだけで体重や血圧はもちろん、尿検査や細菌検査などもできるようになれば、便利だ。

IoTの問題点

ただし、インターネットに接続されたデバイスが増えるにつれ、それらがアップデートされなければ、ハッカーに対する脆弱性を持つことになる。

「永遠に生き続けるIoTは、いずれ乗っ取られてしまう」といわれる。

ＩｏＴが普及するにつれ、自動運転や医療機器などがハッキングされるリスクが高まる。この問題は、ＩｏＴが普及するに従って悪化していく。これまで目立つことのなかった対象が、ハッカーにとって格好の攻撃対象となる。

製品が通信を介して不正なデータを受け取り、それによって機能に支障が発生しても、その製品を利用しているエンドユーザー側では問題を自ら解消することはできず、ただひたすらメーカー側が対応してくるまで待つしかない。

こうした不具合が個別の製品で単独に起きるだけであれば、機器の故障ということであり、従来もありえた話だ。しかし、遠隔から一斉にデータが配信されることで全国において同時多発的に不具合が発生する事故も生じている。もし、これがテレビではなく、人の生命に直接関わる機器であったとしたらどうなっていたろうか。

5　ビッグデータはゴールドラッシュか

これからは条件が変わるかもしれない

ビッグデータの経済価値については、いくつかの注意が必要である。今後は、条件がかなり変わる可能性もあるのだ。

第1に、これからは、ビッグデータが自然に集まるのを待つのではなく、積極的な探索と収集が行われるようになる。あるいは、ビッグデータが有償で取引される。ところが、ビッグデータを積極的に収集したり、購入したりするには、費用がかかる。

このように費用をかけてビッグデータを入手するようになった場合、それらが費用に見合った高い価値を持つとは限らない。今後得られるビッグデータについては、収集のためのコストに対する利益の比率は低下する可能性がある。

19世紀にカリフォルニアで起こったゴールドラッシュの場合、最初は地表近くに金があったので簡単に集められたが、それらは急速になくなった。深く掘らなければならなくなり、採掘のコストは高くなった。このため、一攫千金を狙って集まってきた人々は、夢を実現することができずに貧困にあえいだのである。ビッグデータについても同じことが起こるかもしれない。

第2に、ビッグデータを利用するためには分析作業が必要だ。そのためにはコストがかかる。それだけでなく、そもそも利用できるかどうかさえ分からない。たとえば、第2章の2で述べた画像認識で用いられた写真だ。グーグルにとってそれらの写真は意味あるものだったが、他の企業にとっても同じような価値があるかといえば、たぶんないだろう。

ビッグデータから価値を引き出せるのは、ごく一部の企業だ。ビッグデータは、金や石油のように一般的な価値を持つものではない。使う能力によって価値が大きく変わる。使えない人にとってはゴミでしかない。この意味で言うと、石油や金のアナロジーは、(とくにこれからは)正確でないといえるかもしれない。

GAFAの高収益は今後も続くか

第3に、プラットフォーム企業も、今後ビッグデータを無料で収集できるかどうかはわからない。プライバシーをめぐって各国当局の監視や規制が強まる可能性がある。また、ビッグデータ収集の見返りとして、プラットフォーム企業に課税すべきだとの意見もある。今後はGAFAすべてが規制コストから逃れられなくなる可能性もある。

実際、2019年1~3月期決算では、4社ともに売上高の伸び率が鈍化している。

グーグルの親会社であるアルファベットの19年1～3月期決算では、主力の広告事業の落ち込みが明らかになった。同じく広告を本業とするフェイスブックも売上高の伸び率は前年同期比26％と4四半期連続で落ち込んだ。フェイスブックは、ビジネスモデルを転換するともいわれている。

中国の特殊性

新しい経済活動を可能にし、われわれの生活を豊かにする。しかし、その半面で問題もある。とりわけ監視社会の問題がある。

こうした中で、中国とそれ以外の国における条件が大きく違うことが問題になる。中国ではビッグデータの収集に関して社会的な制約がない。また国民もプライバシーにそれほど神経質ではない。そうだとすると、中国のプラットフォーム企業だけが容易にビッグデータを手に入れるということになりかねない。

ビッグデータは潜在的にはどんな社会にもあるものだが、実際にそれらを集められるかどうかは、その社会の特性によって異なるのだ。そして、全体主義的な性格の強い国家が優位に立つ危険がある。これは将来の世界にとって大きな問題だ。

この問題は、第9章で論じることとする。

Data Capitalism | 第9章

監視社会への道？

1　プロファイリングが進んだ社会の問題

ビッグデータの光と影

これまで述べてきたように、ビッグデータはさまざまな新しい可能性を切り開いてくれる。しかし、そうしたポジティブな変化だけでなく、ネガティブな影響をもたらしうる。第7章で、プラットフォーム企業の支配力の強まりが、さまざまな問題を引き起こしつつあることを述べた。

問題はそれだけではない。もっとも深刻なのは、ビッグデータを用いて行われるプロファイリング（個人属性の推定）が社会で広範に使われるようになることがもたらす問題だ。これによってプライバシーの侵害が起こりうる。それにとどまらず、監視社会、管理社会がもたらされる危険があるのだ。

こうした問題は、決して空想上のものではなく、すでに現実化しつつある。

街頭カメラなどによるプライバシーの危機

ＡＩ（人工知能）によるプロファイリングによって、新しいタイプのプライバシー侵害の危機が発生している。そうしたものとしてとくに重要なのは、つぎの2つだ。

第1は、知らない間に街頭のカメラなどで収集されている情報の利用だ。

たとえば、グーグルストリートビューで収集されている情報だ。別の情報源によって住所が分かれば、ストリートビューを参照することによって、その人の住居がどういう様子か、簡単に分かってしまう。

ストリートビューのサービスが提供され始めたとき、これがプライバシー侵害にならないかが問題とされた。しかし、通行人の顔を見えなくするなどの措置をとれば、問題はないということになった。

最近では、交通違反摘発用や犯罪捜査用でないカメラが、街路や店舗に、かなりの数、設置されている。たとえば、丸善ジュンク堂書店全店舗では、顔認識システムを使った万引き防止システムが導入されている。２０１７年11月には、パルコが東京・上野に開業した「ＰＡＲＣＯ－ｙａ（パルコヤ）」に、ＡＩを使った「顔認証カメラ」が設置された。

情報通信研究機構は、ＪＲ西日本などの協力を得て、大阪駅構内に顔認証カメラを設置し、構内の通行人を追跡する実証実験を２０１４年４月から実施する予定だった。２０１７年３月に、札幌市は、札幌駅前通地下歩行空間で「顔認証」の実証実験を実施する計画だった。これらの計画は、市民らから抗議が多数寄せられたため中止になったが、そうした声がなければ、実施されていただろう。

これらのカメラで収集されるのは誰でも見られる光景であって、秘密にしているものではない。ただし、それらが大量に蓄積され他の情報と関連づけると、有用なものになる。これがプロファイリングの技術である。

インターネットのサービスを通じてのプロファイリング

ＡＩのプロファイリングによる新しいタイプのプライバシー侵害の第2は、インターネットのサービスを通じて収集される情報だ。

２０１８年3月に明らかになったフェイスブックの情報流出事件では、どのサイトに「いいね！」をつけているかの情報によってプロファイリングが行われたと報道された。

こうしたサービスの利用者は、データの取得に気づいているとは限らないし、プロファイリングされていることを知らない場合が多い。

これらのサービスが無料で提供され始めたとき、多くの人は、便利なサービスを無料で使えるので喜んで受け入れた。しかし、実際には、データを得た主体は大きな利益を受けていたのである。

これらの使用には使用許諾契約書への同意が必要であり、その中の条項によってデータの利用が可能になっているのだろう。しかし、普通の人は、条項をいちいち細かくチェックしたりしない。

それだけではない。フェイスブックの場合には、自分が許諾しなくても、友達がある種のアプリを導入すると、それを通じてデータが第三者に知られるようになっていた。多くの人は、こうした仕組みになっていることを、事件が表面化するまで知らなかっただろう。

ましてや、データがどう利用されているかを、個人がチェックするのはむずかしい。フェイスブック情報流出事件の場合、事件が表面化しても、果たして自分のデータが使われたのかどうかを確認することはできなかったのではないかと思われる。

フェイスブック事件が社会に与えた衝撃は大きい。事実、フェイスブックは、アメリカ議会で喚問され、ビジネスモデルの変更を余儀なくされている。

プロファイリングされぬ権利を認めたEU規則GDPR

プロファイリングについて、ＥＵ一般データ保護規則（ＧＤＰＲ）は、従来より踏み込んだ規制をしている。すなわち、第22条に、「データ主体は、自動処理――プロファイリングを含む――のみに基づく決定の対象とならない権利を有している」(The data subject shall have the right not to be subject to a decision based solely on automated processing, including profiling.)としている。なお、ここで「データ主体」とは、「特定された、または特定可能な自然人」のことだ。日本の個人情報保護法の「本人」に該当する。制裁金は、最大で全世界総売上(収益/売上高)の4%に相当する額、もしくは2000万ユーロ(日本円で約25億6000万円)という莫大なものだ。

ＥＵ規則においては、同意の要件が厳しくされている。データ主体が一般契約条件を黙認するだけでは明示の同意とはいえず、データ主体がプロファイリングに関する特定の処理に同意しているという積極的な表示を示すチェックボックスなどの仕組みを設ける必要がある、とされている。管理者は、データ主体に対し、プロファイリングを含む自動処理による決定の存在、その処理の重要性、データ主体にもたらす結果、関連する理論についての重要な情報を通知しなければならない。

プロファイリングに同意しないと使えないのでは困る

しかし、これらの規制の実効性確保は容易ではあるまい。つぎの2点を指摘しよう。

第1に、同意しない場合にプロファイリングが行われていないことを、どのようにチェックできるだろうか？　プロファイリングが行われていることの検知もむずかしいのだから、ましてや、行われていないことをチェックするのは不可能に近いと考えられる。

第2に、もっと大きな問題は、「同意しなければサービスが利用できない」というのでは、支障が生じることだ。

検索、メール、カレンダーなどについて、プロファイリングされるのが嫌だからといってサービスを利用しないのは、いまや不可能に近い。こうしたサービスはすでに我々の日常生活の基本的なインフラになってしまっている。あるいは、仕事での不可欠な道具になっている。だから、同意条項を厳しくすればそれで済むという問題ではない。

基本サービスについてはプロファイリングを行わず、それ以上のサービスについては、プロファイリングを受け入れるか、有料かの選択にする、などの措置も考えられるが、実行はむずかしいだろう。

プロファイリングされること自体は不可避のものとし、その利用をうまくコントロールすることを考えるべきかもしれない。たとえば、どのようなプロファイリングがなされているかを、個別的に詳細に知らせてもらえる権利、あるいは不適切なプロファイリングがなされている場合にそれを修正する権利を認めるなどだ。

あるいは、プロファイリングとは、もともとは個人のものである情報を用いて利益を上げる行為だから、利益に対して課税することも考えられる。

この問題は、従来の経済ルールを前提にしては対処できない問題だ。根本的な発想の転換が求められている。

地域コミュニティでのプライバシー問題とは違う

第3章で述べたように、かつての狭い地域コミュニティにおいても、プライバシーは侵害されていた。しかし、ＡＩプロファイリングによって生じる問題は、それとは異質だ。

地域コミュニティでは、個人の情報が公共情報だった。それに対して、プロファイリングの結果を知りうるのは一部の企業だ。そして、そうした情報を保有する企業が有利な立場に立つ。このため、他の企業との間で大きな格差が発生するのだ。

個人情報は、日本では、個人情報保護法で保護されている。しかし、それによってプロファイリングの問題が解決されるわけではない。

同法における「個人情報」とは、生きている個人に関する情報で、氏名、生年月日、住所、顔写真などにより特定の個人を識別できるものだ。２０１５年の改正で、購入履歴や移動履歴も個人情報に含まれることになった。

これらは、個人が主体的に提供するデータとして想定されている。しかし、プロファイリングに用いられるデータは、そうしたものとは限らない。断片的な情報を組み合わせて、個人の属性や行動を推定しているからだ。こうした情報は、個人情報保護法が対象としている個人情報には当たらないと考えられる。

2　デジタルレーニン主義がＡＩで実現する？

アメリカ大統領選でオバマ陣営が利用

第3章で、プロファイリングの技術が、ターゲティング広告や、個人で異なる保険料、信用度スコアリングなどに用いられることを述べた。

プロファイリングの成果の利用としては、これら以外に、政治の場でのものもある。

２０１２年のアメリカ大統領選挙では、オバマ陣営がデータ分析を徹底的に活用した。まず、前回選挙時のデータベースをもとに支持者名簿を作成した。足で集めた情報や、支持団体の名簿などを、巨大なデータベースに登録していった。さらに、フェイスブックなどのデータや商品購入履歴などの情報を情報会社などから購入した。そして、有権者の政治的な傾向を割り出したのである。

たとえば、トヨタのプリウスに乗っているならリベラル。レクサスなら共和党支持。株式情報のサイトにアクセスする人は共和党支持で、投票に行く確率も高い。それに対して、音楽サイトにアクセスする人は、民主党支持だが、投票する確率は低い、などという結果が得られた。

こうして、有権者一人ひとりの傾向を事前に把握した。そして、オバマ候補への投票が期待できる人に運動を集中させたのである。

選挙資金の集め方についても、ビッグデータが活用された。その結果、ある資金集めパーティーでは、一晩で1500万ドルの寄付を集めた。ウェブサイトのデザインにも用いられた。トップページの写真をオバマ氏単独から家族に変更したところ、寄付金が40％も増加した。さらに、テレビコマーシャルの放映についても、分析された。その結果、テレビコマーシャルの費用対効果比は、前回選挙に比べて14％も上がったという。

ケンブリッジ・アナリティカ事件

2016年のアメリカ大統領選挙では、フェイスブックの個人データが不正な方法で取得され、用いられたのではないかということが問題となった。

データを取得し、分析したのは、データ分析会社ケンブリッジ・アナリティカ（CA）だ。

トランプ陣営が契約していた。

ＣＡは、ビッグデータに基づく心理学的属性（サイコグラフィックス）を分析するコンサルティング会社で、ケンブリッジ大学の計量心理学（サイコメトリックス）研究所のメンバーによって２０１３年に設立された。

２０１６年のイギリスのＥＵ離脱を問う国民投票では離脱派陣営のコンサルタントになった。離脱派が勝利を収めたことから、注目を浴びた。

アメリカ大統領選挙で問題とされたのは、データの入手方法だ。ニューヨークタイムズ紙の記事などによると、具体的な方法はつぎのとおりだった。

ケンブリッジ大学の研究者で、ＣＡと提携関係にあったロシア系アメリカ人のアレクサンドル・コーガン氏が、フェイスブック用の人格診断アプリ「thisisyourdigitallife」を作った。そして、学術調査という名目でフェイスブック上で配布した。このアプリはよくある性格診断アプリなので、誰も疑問に思わず、27万人が利用した。

ところが、このアプリは、ダウンロードした本人だけでなく、その友達についても、何に「いいね！」をつけているのかをトラックできるものだった。この手法で、ＣＡは、５０００万人分ものデータを手に入れたのだ。トランプ陣営は、ＣＡのデータを選挙戦に利用した。

相手に応じたメッセージを送れば、きわめて効果的

ＣＡのシステム開発を担当したクリストファー・ワイリー氏は、コシンスキー氏のグループの研究成果（第3章の2参照）に触発された。そして、コーガン氏が作ったアプリを用いてデータ収集を行い、分析したのだ。

これを用いて、トランプ氏の陣営は、大統領選挙において、セグメント分けされた対象ごとに異なるメッセージを送っていた。

今回の事件では、データ入手方法の是非が論じられている。しかし、問題はそれだけではない。問題の本質は、ＳＮＳを利用していると、両親や配偶者さえ把握していない重要な個人情報を、知らぬ間に把握されてしまうということである。それを可能とするようなデータ分析の手法が発達しているのだ。これをどう評価すべきかが、論じられなければならない。

オーウェルのビッグブラザーは、現実にはありえなかった

ジョージ・オーウェルは、『１９８４年』という小説で、「ビッグブラザー」と呼ばれる独裁者が、遠隔カメラで全国民を監視する未来社会の国家を描いた。

しかし、このようなことは実際にはありえない。なぜなら監視をするために、監視される側と同じくらいの数の人間が必要になってしまうからだ。

つぎのように考えると、この仕組みは機能しないことが分かる。いま、監視員1人が100人の国民を監視すると考えよう。すると、国民の約1％の監視員が必要になる。3交代制で勤務するとし、予備員も考慮すれば、総人口の5％近くの人数が必要だ。さらに、監視員がきちんと仕事をしているかどうかを監視する監督者も必要だし、問題が発生した場合に現場に駆けつけて逮捕する人員も必要になる。その後の処置のための要員や、事務処理やロジスティックスも必要だ。

それらの人員を含めれば、全人口の1割程度の人員が必要だ。労働力人口に対する比率でいえば、4分の1近くになるだろう。まったく非生産的な仕事に従事する人間がこれだけいる国家が、まともに機能するはずはない。

ソ連では、実際にこれと似たことになった。エマニュエル・トッドが『最後の転落』（藤原書店）の中で「第4次産業」と呼んだ警察的監視・抑圧活動に、ソ連の全労働人口の5～10％が投入されたのだ。

AIは強力な支配の武器となる

以上のように、従来の技術では監視のコストは大変だ。全国民のうちかなりの人々を警察官にしないと実現できない。

社会主義国が失敗した理由は、一つはビッグブラザーのような監視体制は技術的に作れなかったことだ。そしてもうひとつは、計画経済が非効率だったためだ。

しかしＡＩを用いて行えば、こうした問題は克服できる。独裁国家においては、ＡＩは強力な支配の武器となる。

自動的に残される電子の足跡を利用すれば、個人の行動は詳細に分かる。ビッグデータ時代の国民は、ビッグブラザーに支配されるのではないが、もっと巧妙に操られるだろう。

政府は、ビッグデータを集めるうえできわめて有利な立場にある。街頭の監視カメラ、パスポート、運転免許証、身分証明書などの手段を通じて、正確な個人データを集められる。警察や公安活動と連携すれば、きわめて強力だ。そして、データをコントロールすることによって、権力者に反対する人を排除することも可能だ。

民主主義国家においては、ＡＩを選挙戦術に使える。プロファイリングとセグメンテーションは、きわめて強力な道具になる。だから、「データを制する者が政治の世界を制する」こととなる可能性は高い。

さらに、政府に都合がよい結果になるように、信用スコアリングを操作する。反政府的な人のスコアリングは低くなり、社会活動がしにくくなる。さらに、プロファイリングによって反政府運動者を事前に探知し、検挙する。

このようにして、政治の世界では、まさに「データを制する者が世界を制する」という事態が生じかねない。

ドイツのメルカトル財団・中国研究所のセバスチャン・ハイルマン所長は、こうした政治体制を「デジタルレーニン主義（Digital Leninism）」と名づけた。

顔認識やプロファイリングを基盤とした権力

第3章の4、5で述べたように、プロファイリングやスコアリングは、もともとは、マーケット情報の不足を補うために生み出されてきたものだ。それは、匿名社会での問題を克服するために必要とされる技術だ。

しかし、いうまでもないことだが、こうした手法は、プライバシー保護との関係で重大な問題をはらんでいる。正確なプロファイリングを行えるようになれば、プライバシーがなくなるからだ。コシンスキー自身も、そうした問題について、危惧を表明していた。

不正な手段でデータが流出するということになれば、事態はさらに重大だ。

顔認証の技術と結びつくと、道を歩いていても、誰だか識別できることになる。これは、SFの世界のことではない。次節で述べるように、中国では現実の出来事になっている。

プライバシーを確保しつつ、匿名性がもたらす問題を克服できるか？　世界はこれから大きな実験を行うことになる。

コントロールされる危険も

プロファイリングがもたらす問題は、プライバシーだけではない。ビッグデータを用いて個人の反応が予測され、先回りされて、個人向けのマーケティングが行われる。

たとえば、映画はヒットするように脚本が作られる。そうなると、人々は、コンピュータが目論んだとおりに楽しんでいるだけということになる。ＩＴは個人の多様性を実現すると考えられていたのだが、実際には、知らないうちにコンピュータにコントロールされ、企業が望むように誘導されているのかもしれない。

イーライ・パリサーは、『閉じこもるインターネット——グーグル・パーソナライズ・民主主義』（早川書房、２０１２年）で、「検索履歴を参照する結果の順位付けなどによって、人々は偏った情報を入手する」と指摘した。パリサーは、これを「フィルターバブル」と呼んだ。

3　中国の特殊性にどう向き合うか

国家の積極的な関与

こうした中で、中国とそれ以外の国における条件が大きく違うことが問題になる。中国において、ビッグデータは他の国の場合と違う意味を持っている。

まず、国家の積極的な関与がある。中国政府は、ＡＩを将来の最優先技術に指定し、２０１７年７月に「新世代のＡＩ開発計画」を発表した。その中で「中国は、２０３０年までにＡＩで世界をリードする」という目標を設定した。

また、政府の援助もある。資金面だけでなく、データ面での支援もある。

中国のスタートアップ企業であるメグビー（曠視科技）やセンスタイム（商湯科技）は、画像認識技術にすぐれているが、政府機関の協力を受けて、13億人の顔データにアクセスしているという。

このように、中国では、民間企業のＡＩ開発を国が積極的にバックアップしている。というより、共同で開発しようとしている。

警察や公安による利用

さらに、個別企業がビジネスに利用するだけでなく、国や政府が企業と密接に連携して利用している。

とくに問題なのは、警察や公安によって積極的に使われていることだ。

中国におけるビッグデータの収集と利用において、国（とくに警察・公安）と民間企業との関係がどうなっているのかは、はっきりしないのだが、民間企業が画像認識の技術開発のために国のデータを使っているといわれる。民間企業であっても、政府から完全に独立しているとはいいがたいのではないかと想像される。

民間企業によって開発された顔認識技術を、警察が捜査の一環として導入・活用している可能性がある。鉄道の駅では人身売買を行う者を見つけるために、空港では乗客確認のために、利用される場合がある。

また、顔認証技術を用いた特殊なサングラスを警察官が装着することが始まっている。これを用いて、２０１８年の4月に、南昌市（江西省）のコンサートに集まった5万人の群衆の中から、犯人を発見、逮捕したと報道された。鉄道の駅では人身売買を行う犯罪者を見つけるために、また、空港では乗客確認のために顔認証技術を用いているという。「木を隠すなら森の中」といわれていたのだが、中国では、この方法は通用しなくなったようだ。

中国ではプラバシー意識が弱い

ところが、中国ではビッグデータの収集に関して社会的な制約がない。また国民もプライバシーにそれほど神経質ではない。

顔認証技術の応用が進めば顔パスで済むようになるので便利だという意見が、中国の人々の間で聞かれる。両手に荷物を持っていても、カメラを見るだけでよい。財布や鍵を持ち歩く必要がなくなった。スマートフォンさえいらない。よく鍵をなくす子供でも、心配がないというわけだ。

正確なプロファイリングに、こうしたこと以外にも望ましい面もあることは間違いない。たとえば、貧しい家庭に生まれても能力がある人は能力を正しく評価してもらえる可能性がある。健康に気をつけることによって健康保険の給付金額が増えたり、優良運転で自動車保険の保険料が下がるのもよいことだ。

品行方正にしないと信用度評価の評点が下がるので、人々は信頼を失わないように心がけるとされる。

広州市（広東省）が２０１７年に行った調査では、回答者の59％が監視カメラの増設が治安向上に有効だと答えている。「国に守られている安心感がある」との考えだ。

顔パスで支払えるのは、たしかに便利だ。しかし、そのためには、アント・フィナンシャルに写真を提供する必要がある。その情報が政府に渡れば、街角に設置されたカメラで行動を監視されてしまうことになりかねない。

個人信用情報について懸念されるのは、それが融資の際の評価に用いられるだけでなく、さまざまな用途に用いられることだ。たとえば、採用の際の評価に用いられるようなことにもなりかねない。そうなれば、この点数が個人の一般的な評価として社会的に用いられることになってしまうだろう。ところが、そうした評価が一企業によって決められてしまうことに対して、中国の国民はあまり強い危険を感じていないようだ。

こうした事情があるので、中国政府は、全市民に向けた評価システムの導入を検討している。また、犯罪の予測も試みられている。

デジタルレーニン主義が中国で実現？

中国の全国人民代表大会で、国家主席の任期を事実上撤廃する憲法改正案が２０１８年３月11日に採決された。習近平国家主席が任期切れを迎える２０２３年以降も主席にとどまり、終身で務めることも可能になる。権力集中がさらに進むことになるだろう。

この背景にあるのは、デジタル技術の活用で形成されつつある史上最強力の権力基盤だ。習政権がＡＩを活用して、新しい統治システムを構築するだろうとの見方がある。

習近平は、これまでどんな独裁者も持てなかった市民監視とコントロールのための手段を、いま手に入れようとしている。ビッグブラザーより強力な独裁者が、歴史上初めて誕生しようとしているのかもしれない。歴史上初めての、国民を一人ひとり監視できる強力なビッグブラザー、究極の独裁者の誕生だ。これは、先に述べたように「デジタルレーニン主義」とも呼べる。あるいは、「デジタル共産主義」ともいえる。

これは、他人事ではない。なぜなら、中国国民だけではなく、外国の個人や企業、メディアなども、同じ方法で評価されるようになりかねないからだ。

中国のITが世界最強となる本質的理由

ＡＩ（人工知能）の技術開発においては、ビッグデータをどれだけ集められるかが重要だ。それを簡単に集められる中国は、人工知能のディープラーニングにおいて、有利な立場に立つ。

中国のＩＴにおける強さが、潤沢な資金力や優秀な人材に支えられている面は確かにある。しかし、そうしたことだけではない。中国の特殊な社会・国家構造が、中国のＩＴ産業に対して有利に働くのだ。

ビッグデータは潜在的にはどんな社会にもあるものだが、実際にそれらを集められるかどうかは、その社会の特性によって異なる。プライバシーに対する意識が十分でない国では、ビッグデータを集めて利用することが容易だ。

中国では、個人情報保護の意識が低いため、ビッグデータの収集や利用に対して制約が働きにくい。個人データの利用に関して、中国の社会があまりに寛容だ。

このため、中国のプラットフォーム企業だけが容易にビッグデータを手に入れるということになりかねない。そこで、これをＡＩの学習に用いる。この結果、ＡＩの能力が高まる。その成果は軍事面にも利用される。これは将来の世界にとって、大きな問題だ。

アメリカでできないことを、中国ではできる

グーグルは、検索やメールなどの情報を用いるプロファイリングを以前から行っていた。それを広告に用いて巨額の収益を上げてきた。フェイスブックも、書き込みなどから同様のことを行っている。

しかし、第7章で述べたように、そうしたことがもたらしうる問題が認識されるようになり、プロファイリングに対する一定の制約が課される可能性がある。アメリカは個人主義を基礎とした民主主義社会であり、個人のプライバシー保護について強い社会的要請があるからだ。

ところが、中国ではそうした制約が非常に弱い。したがってビッグデータを簡単に集めるこ

とができる。そしてその利用についても、社会的な制約が働かない。

中国でも２０１７年から、「インターネット安全法」を施行している。しかし、これは、個人情報の保護というよりは、むしろ、当局によるインターネット支配を強化するものだと考えられている。

実際、中国では、インターネットは検閲されている。テンセントやバイドゥは、政権にとって都合の悪い書き込みを排除している。思い起こせば、２０１０年3月にグーグルはこの問題で中国から撤退したのである。

急速に高まる中国への危機感

以上のような条件のもとで、中国はＡＩの開発において有利な立場に立っている。

中国が先端ＡＩで優位に立つことの影響は、軍事にまで及ぶと予測されている。こうした中国の膨張傾向に対して、世界は危機意識を持ち始めている。

ヨーロッパの近代社会は、個人主義を前提に形成された。そして、市場経済は、独立した個人の自由な行動を基本的な社会構成原理としている。

ところが、ビッグデータやＡＩについていえば、以上で述べた理由によって中国の体制が有利になるのだ。

これまでの工業社会では、個人の自由と経済全体の発展がうまく調和できた。しかし情報産業においては、産業の発展が個人のプライバシーを犯してしまう。

ＩＴには従来なかった特殊な規模の利益が働く。そして中国の人口は途方もない大きさだ。ＩＴ産業は本質的な意味で中国に合っていると考えざるをえない。そのことが中国でいま実証されつつあるのだ。

アメリカでは、「ＩＴの先端分野でいずれ中国に抜かれる」という中国ＩＴ脅威論が、急速に高まっている。グーグル元ＣＥＯのエリック・シュミット氏は２０１８年1月にイギリスＢＢＣの放送で、「今後5年間は、まだアメリカがＡＩ分野でリードしていくことができるが、すぐに中国が追いついてくる」と述べた。

また、アメリカの情報機関の高官が、中国はＡＩ分野でアメリカを超える可能性があると発言した。

これは、純粋に技術的な意味で抜かれるというだけの問題ではない。以上で述べた中国の特殊性に、アメリカが対抗できないということが問題だ。

いま歴史の大逆転が起ころうとしている。

米中貿易戦争の根底には、こうした問題が横たわっている。

わ行

ま行

や行

ら行

な行

は行

た行

か行

さ行

索引

英数字

あ行

野口悠紀雄

Yukio Noguchi

早稲田大学ビジネス・ファイナンス研究センター顧問、一橋大学名誉教授

1940年東京生まれ。63年東京大学工学部卒業、64年大蔵省入省、72年イェール大学Ph.D.（経済学博士号）を取得。一橋大学教授、東京大学教授、スタンフォード大学客員教授、早稲田大学ファイナンス研究科教授などを経て、2017年9月より早稲田大学ビジネス・ファイナンス研究センター顧問。専攻はファイナンス理論、日本経済論。

主な著書：『情報の経済理論』（東洋経済新報社、日経・経済図書文化賞）、『財政危機の構造』（東洋経済新報社、サントリー学芸賞）、『バブルの経済学』（日本経済新聞社、吉野作造賞）、『「超」整理法』（中公新書）など多数。近著に『ブロックチェーン革命』（大川出版賞、日本経済新聞出版社）、『戦後経済史』（日経ビジネス人文庫）、『平成はなぜ失敗したのか』（幻冬舎）、『マネーの魔術史』（新潮選書）、『「超」AI整理法』（KADOKAWA）など。

▪ note
https://note.mu/yukionoguchi

▪ ツイッター
https://twitter.com/yukionoguchi10

▪ 野口悠紀雄Online
http://www.noguchi.co.jp/

データ資本主義
21世紀ゴールドラッシュの勝者は誰か

２０１９年９月17日　１版１刷

著者　野口悠紀雄

発行者　金子　豊

発行所　日本経済新聞出版社
〒１００-８０６６
東京都千代田区大手町１-３-７
電話（０３）３２７０-０２５１（代）
https://www.nikkeibook.com/

ブックデザイン　新井大輔　中島里夏（装幀新井）
本文ＤＴＰ　マーリンクレイン
印刷・製本　中央精版印刷株式会社

ISBN978-4-532-35831-0　Printed in Japan